Hugo Holstein

Geschichte der ehemaligen Schule zu Kloster Berge

Hugo Holstein

Geschichte der ehemaligen Schule zu Kloster Berge

ISBN/EAN: 9783743325241

Hergestellt in Europa, USA, Kanada, Australien, Japan

Cover: Foto ©ninafisch / pixelio.de

GESCHICHTE

DER EHEMALIGEN

SCHULE ZU KLOSTER BERGE

VON

Prof. Dr. H. HOLSTEIN,

DIREKTOR DES KÖNIGL. GYMNASIUMS ZU WILHELMSHAVEN.

SONDERABDRUCK AUS »NEUE JAHRBÜCHER FÜR PHILOLOGIE UND PÄDAGOGIK.«
II. ABT. 1885 UND 1886.

LEIPZIG,

DRUCK UND VERLAG VON B. G. TEUBNER.

1886.

Inhalt.

seite

Einleitung. Das kloster Berge bis zur reformation . . . 1—3

I. Die klosterschule in ihren anfängen (1565—1686) . . . . 3—11

II. Das pädagogium in seiner blüte unter Wolthardt, Breithaupt und Steinmetz (1686—1762) . . . . 11—29

III. Das pädagogium in seinem niedergange unter Hähn, Frommann, Resewitz und Schewe bis zu seiner aufhebung (1762—1810) . . . . 29—116

Personenverzeichnis . . . . 117—120

GESCHICHTE DER EHEMALIGEN SCHULE ZU KLOSTER BERGE.

Nachdem auf der synode zu Ravenna die errichtung des erzstifts Magdeburg beschlossen war, wurde am weihnachtsfeste 968 Adalbert, abt des klosters Weiszenburg, als erzbischof von Magdeburg feierlich inthronisiert. das von Otto I 937 gestiftete Moritzkloster wurde der sitz des neu errichteten domstifts. kurz vorher waren die Benedictinermönche von St. Moritz in das für sie vor der Sudenburg im süden der stadt Magdeburg (in suburbio civitatis Magdeburgensis) neu erbaute, dem h. Johannes dem täufer geweihte kloster eingezogen. dasselbe war in monte prope muros Magdeburgenses erbaut, weshalb es später kloster Berge genannt wurde. nach der sitte der zeit wurde im kloster eine schule errichtet, in welche zunächst nur angehende geistliche aufgenommen wurden. der zehnjährige Thietmar, ein graf von Walbeck, der später bischof von Merseburg wurde, besuchte diese schule in den jahren 986—989, ebenso begannen seine brüder Sigfried und Bruno, die später äbte des klosters wurden und danach die bischofssitze von Münster bezw. Verden einnahmen, hier ihre geistlichen studien. auch herschte in den ersten jahrhunderten ein reger wissenschaftlicher sinn im kloster; dort entstanden die annales Magdeburgenses und später die gesta abbatum Bergensium, auch der codex Lipsiensis nr. 40 des 11n jahrh., der Sallust, Horaz, Lucan und Marcianus Capella enthält, entstammt dem kloster Berge, wie die aufschrift von fol. 1a besagt: Sancti Johannis bapt. Magdeburch.

Im laufe der jahre brach auch über das kloster Berge jene unheilvolle barbarei ein, in welcher die wissenschaft aus der stillen klosterzelle floh und üppigkeit und wohlleben ihren einzug hielten. nur einzelne äbte wusten durch strenge zucht dem sittenlosen leben einhalt zu thun. um die mitte des 15n jahrh. gelangte das kloster durch den abt Hermann, der sich der Bursfelder klosterreformation anschlosz, wieder zu einigem ansehen. fleisz und sorgfältiges studium der wissenschaften kehrten wieder. abt Hermann legte eine bibliothek an, da er die alte in den elendesten umständen und fast alle bücher zerrissen und von motten zerfressen fand. ebenso gewissenhaft sorgte er für die instandsetzung der klostergebäude. aber was er und seine nachfolger mit mühe geschaffen hatten, das gieng durch die stürme des bauernkrieges wieder verloren und nur mit schweren

opfern gelang die wiederherstellung des klosters. bei beginn des
schmalkaldischen krieges brach neues unglück über das kloster ein.
kurz vor der belagerung der stadt Magdeburg durch kurfürst Moriz
von Sachsen rissen die Magdeburger das kloster aufs neue nieder
und machten es dem erdboden gleich, um dem feinde die gelegenheit
zu rauben, aus dem kloster einen stützpunkt seiner operationen zu
machen. das kloster berechnete den ihm unersetzt gebliebenen schaden auf 19559 gulden.

Mehrere jahre vergiengen, ehe das kloster wieder hergestellt
werden konnte. der abt Petrus Ulner vollendete den bau 1563 und
eine noch auf der südseite des gesellschaftshauses des Friedrich-
Wilhelmsgartens eingemauerte steintafel, die ursprünglich über dem
thore des klosters angebracht war, redet von seinen verdiensten um
die wiederherstellung des klosters: R. D. Petrus D. G. Abb. 49.
Anno dni 1563 extruebat. Ulner war der letzte katholische abt des
klosters, das nicht länger dem einflusz der reformation widerstehen
konnte; da er selbst die überzeugung hatte, dasz die von Luther erstrebte reformation der kirche ein segensvolles werk sei, so that er
den schritt, den bis dahin noch kein prälat des erzstifts gewagt
hatte: er bekannte sich zur evangelischen lehre und bestimmte die
mitglieder seines convents zum übertritt zu derselben. dieser schritt
war um so kühner, als das Magdeburger domcapitel sich gegen die
neue lehre immer noch höchst feindlich verhielt. dagegen war die
bürgerschaft Magdeburgs, die schon 1524 die reformation eingeführt
hatte, mit Ulners übertritt sehr zufrieden. am 17n sonntag nach
trin. 1565 hielt er zum ersten male in der von ihm erbauten klosterkirche eine lutherische predigt, in der er öffentlich erklärte, dasz er
sich mit seinem convent von der katholischen kirche und vom papste
lossage. noch zwei jahre vergiengen, ehe das domcapitel die evangelische lehre annahm. erst am 1 advent 1567 hielt der neu ernannte
domprediger Sigfried Sack, bis dahin rector des altstädtischen gymnasiums zu Magdeburg[1], die erste evangelische predigt in der domkirche.

Schon im jahre 1563 wird in einer bestätigungsurkunde des
erzbischofs Sigismund[2] einer vom abt Ulner errichteten schule gedacht, deren leitung dem parochus von Buckau und Fermersleben
anvertraut werden sollte, und als die erzbischöflichen commissarien
ein jahr zuvor (17, 18 u. 20 januar 1562)[3] neben dem verzeichnis
der güter des klosters auch ein verzeichnis der klosterpersonen auf-
stellten, erwähnten sie auszer dem abte und vier ordenspersonen
zwei junge knaben, namens Adam und Aegidius, welche 'jetzo zu
Helmstedt auf des klosters kosten studieren.' auf dem am 30 januar
1564 zu Calbe a. S. gehaltenen landtage kam auch die reformation

---

[1] n. jahrb. f. phil. u. päd. IIe abt. 1884 s. 72.
[2] urkundenbuch des klosters Berge. Halle 1879 nr. 1071.
[3] ebendas. nr. 1062 (s. 499).

der klöster zur sprache. dieser gegenstand wurde an dem für den
26 juni desselben jahres angesetzten groszen ausschusztage zu
Magdeburg von der ritterschaft des erzstifts wieder aufgenommen,
indem diese in ihrem bedenken sich dahin aussprach, dasz in den
klosterkirchen ein evangelischer prediger gehalten und nach jedes
klosters gelegenheit acht oder mehr knaben informiert werden sollten,
welche beim gottesdienst hilfreiche hand zu leisten hätten. solche
knaben, wenn sie fundamenta grammatices gelegt, könnten hernach
in die hauptschule des erzstifts befördert werden. ferner wurde vor-
geschlagen, die magdeburgische und hallesche schule in eine hauptschule umzuwandeln und die lehrerbesoldungen zu vergröszern,
damit alle facultäten darin könnten dociert werden. dazu sollte von
allen hohen und niederen stiftern und klöstern ein beitrag gezahlt
werden. endlich beabsichtigte man aus den einkünften der kathedral-
stifter und klöster stipendien zu stiften, und zwar für je 40 söhne
des adels, des bürger- und des bauernstandes, in der weise dasz der
adlige jährlich 20, der bürgerliche 16, der bauernsohn 10 thlr. erhielt. als altersstufe des stipendiaten wurde das 11e jahr bestimmt.
leider hatte es bei den vorschlägen des ausschusses sein bewenden,
denn alles, was kirche und polizei- oder kriegssachen betraf, wurde
zu fernerer deliberation ausgesetzt.[4]

Darauf erfolgte die reformation des klosters Berge, mit der die
errichtung einer evangelischen schule verbunden wurde. mit dem
jahre 1565 beginnt also die geschichte der schule zu kloster Berge,
die wir nach drei zeitabschnitten sondern: die erste periode umfaszt
die jahre 1565—1686, die zweite die blütezeit von 1686—1762,
die dritte den verfall bis zur aufhebung 1810.

I. Die klosterschule in ihren anfängen (1565—1686).

Petrus Ulner war am 18 october 1523 zu Gladbach im
herzogtum Jülich als der sohn des dortigen bürgermeisters Lorenz
Ulner geboren. er besuchte die schulen zu Deventer und Herzogen-
busch und trat 1542 in den Benedictinerorden. der abt Hermann
des klosters Werden, dem er überwiesen wurde, liesz ihn auf kosten
desselben in Köln studieren. nach einiger zeit kehrte Ulner in das
kloster zu Werden zurück und wurde 1554 pfarrer des Ludgari-
klosters in Helmstedt. im folgenden jahre berief ihn herzog Heinrich
der jüngere von Braunschweig zum hofprediger in Wolfenbüttel. in
dieser stellung blieb er drei jahre, bis er 1559 im provinzialcapitel
zu Erfurt auf besondern wunsch des abtes Heinrich Zirow des klosters
Berge zu dessen coadjutor bestellt wurde. 1560 erhielt er seine
confirmation vom erzbischof Sigismund von Magdeburg, wurde am
ersten sonntag nach trin. desselben jahres eingeführt, und nach dem
tode des abtes Zirow wurde er dessen nachfolger.

---

[4] landtagsacten de 1564 im staatsarchiv zu Magdeburg.

Infolge seines übertritts zum protestantismus führte Ulner deutsche gesänge und eine verbesserte liturgie ein. ferner machte er zu mitgliedern seines convents candidaten der evangelischen theologie, welche zu einem sorgfältigen studium der theologischen wissenschaften angehalten wurden.[5] es bildete sich so eine art von predigerseminar, aus welchem viele tüchtige geistliche hervorgegangen sind. die leitung dieses seminars übertrug er 1578 dem bisherigen superintendenten in Helmstedt, nunmehrigen professor der theologie Heinrich Homel, der zugleich klosterprediger wurde. dieser habe, so erzählt eine chronikalische aufzeichnung[6], den fratribus das compendium Heribrandi, das examen Philippi (Melanchthonis), den katechismus Lutheri erklärt und mit schönen testimoniis patrum illustriert.

Indem Ulner so seinen convent aus jungen theologen zusammensetzte, verwandte er die beneficia des klosters, wie der bericht sagt, nicht an ignavos ventres oder untüchtige und ungelehrsame gesellen, sondern an gelehrte sittsame und mit guten ingeniis begabte studiosos, und damit sich die kirche gottes solcher desto mehr zu getrösten und mit gewünschtem nutzen zu gebrauchen haben möchte, haben solche in das kloster aufgenommene studiosi sich fleiszig in studio theologico, linguarum, philosophiae wie auch im predigen üben und ihre lectiones mensae oder mensales mittags und abends halten müssen, da dann die heilige bibel zu öfteren malen, die opera Lutheri, Philippi, wie auch unterschiedene erbauliche libri historici durchgelesen wurden. zur beförderung solcher studien der conventualen legte Ulner über der sacristei der neuen klosterkirche eine bibliothek an, der er diejenigen bücher beifügte, die nach dem erwähnten inventarium von 1562 sich bereits vorfanden. diese vorgefundene 'liberey' bestand aus 643 büchern, klein und grosz, gut und bös,

---

[5] die formula collationis beneficii lautet: Dei gratia Petrus Ulnerus imperialis monasterii Bergensis in archiepiscopatu et primatu Magdeburgensi abbas. omnia ad aedificationem fieri cum s. Paulo apostolo 1. Cor. 14 exoptantes volumus notum atque apud omnes testatum per praesentes, quod nos honestum ac doctum optimae cum indolis tum spei adolescentem ac in Christo nobis dilectum N. N. post factam et doctrinae et morum ipsius explorationem ad sanctissimae trinitatis gloriam in album clericorum recepimus, prout huius testimonii eidem honorem ac dignitatem clericalem contulimus. quocirca ipsum illum militiae clericali iam nunc adnumeratum hortamur ut iuxta stipulationis formulam nobis praestitam soli deo et patri domini nostri Jesu Christi serviat eiusque verbum scriptis canonicis propheticis et apostolicis comprehensum utpote ecclesiae verae seminarium diligenter legat defendat atque propagare studeat, quin et ecclesiae proceribus morem gerat, latinis graecis litteris operam det, pie sobrie ac honeste vivat proximumque diligat obsecramus. ceterum ut huic nostro documento fides adhibeatur, praesentes litteras a nobis sigillatas et manus nostrae subscriptione corroboratas eidem communicavimus. acta et signata in phrontisterio montis Parthenopolitani anno Christi Jesu, qui est unica salutis nostrae spes, millesimo quingentesimo etc.'

[6] das weisze buch des klosters Berge s. 308 (ms.).

darunter die vornehmsten: biblia, opera Nicolai de Lyra, ius civile, Panormitanus, opera Antonini.

Nun schritt Ulner zur errichtung einer schule. die errichtung derselben als freischule erfolgte, nachdem das kloster durch den administrator des erzstifts, den markgrafen Joachim Friedrich von Brandenburg, von der lästigen unterhaltung der jagdhunde für die erzbischöfliche hofhaltung befreit worden war. seitwärts der klosterkirche war die schule, die zur aufnahme von 12 knaben aus allen ständen eingerichtet wurde. der unterricht wurde unentgeltlich erteilt, 'ohne was eines jeglichen eltern aus gutem willen pro inductione oder sonst dem informator verehrt haben'. über den lehrplan sind wir nur ungenügend unterrichtet. wir wissen nur, dasz neben der lateinischen und griechischen grammatik die üblichen lehrgegenstände, nämlich logik und rhetorik, musik und arithmetik getrieben wurden, so dasz sich das unterrichtsgebiet, wie es scheint, noch innerhalb des mittelalterlichen triviums und quadriviums bewegte. in anrichtung dieser schule im kloster, meint der berichterstatter pfarrer Johann Ströher in Wolmirsleben, ein ehemaliger paedagogus Bergensis, habe abt Petrus ausgeführt, woran die augsburgische confession erinnere, wenn sie im artikel de votis monasticis anführe; dasz die klöster vormals scholae et collegia libera gewesen seien, trotzdem vermissen wir in Ulners lehrplan die durch die reformation beförderte humanistische richtung. die jährliche besoldung des von Ulner bestellten lehrers oder informators bestand neben freier kost und wohnung in 20 thlrn., 2 hemden, einem paar schuh und einem paar pantoffeln. das auditorium befand sich zu Ströhers zeit im kreuzgang dem pfarrhaus gegenüber, wurde aber, als sich ein schulmeister namens Jacobus in demselben erhenkt und es deswegen 'furchtsam und unheimlich an demselben ort geworden', auf die andere seite des kreuzganges verlegt und in form eines rundartigen turmes angebaut.

Ein ehemaliger zögling der schule, der domprediger Philipp Hahn zu Magdeburg, erzählt in der vorrede zu seinen leichenpredigten (t. 1. Magdeb. 1616), er sei anno 1570 den 8 januar auf geheisz des damaligen administrators Joachim Friedrich vom abt Petrus als elfjähriger knabe und zur ersten ausflucht als ein alumnus scholae illius monasterialis aufgenommen und neben anderen mit kost und institution versehen worden, habe auch von der zeit an zu den divinis, wie sie in den reformierten stiftskirchen noch allhier gehalten werden, ja zu dem studium theologicum gute anleitung, besondere liebe und lust bekommen und getragen, und gleichfalls habe seiner jungen söhne einer, kurz verrückten jahren, selbigen beneficii auch genossen und gebraucht. 'denn wie die alten Benedictiner viel gutes in der christenheit gethan und nicht allein nützliche bücher mit fleisz geschrieben, sondern auch die jugend in ihren klosterschulen in der lateinischen und griechischen sprache, auch freien künsten unterrichtet und gelehrt und in der gottseligkeit geübt haben, also sollen der orten ja billig noch heutiges tages neben den divinis junge kna-

ben und gute ingenia unterhalten, in den artibus liberalibus et
theologia unterwiesen und zu gottes ehren und gemeinem nutz und
dienst der christlichen kirche erzogen werden.' er nennt noch einen
mitschüler, den Theodorus Löder, der in seinem 26n lebenjahre propst
des klosters U. L. Fr. in Magdeburg geworden sei.

Zum lehrer der neuen schule berief Ulner den Martin Gallus
aus Bunzlau, der nachher lector an der domkirche zu Magdeburg
wurde; ihm folgten Heinrich Faulhauer, Lambert Dionysius, Hierony-
mus Bardenius aus Osterwieck, Joachim Schwerin aus Salzwedel,
Peter Lepper aus Gladbach u. a.

Als auf dem landtage des jahres 1578 über die Türkensteuer
und die landesschulden verhandelt wurde, erklärte Ulner, dasz er
die geforderten steuern nicht zahlen könne, und führte auszer anderen
gründen auch den an, dasz er eine schule angerichtet habe, in welcher
12 knaben vom adel und vom bürgerstande nebst einem lehrer nicht
ohne grosze kosten und beschwerung mit essen, trinken, feuerung und
anderer notdurft bisher seien erhalten worden. ein jahr vorher, im
mai 1577, war im kloster Berge die formula concordiae, das sog.
bergische buch zustande gekommen, und es ist wohl anzunehmen,
dasz abt Ulner bei der abfassung derselben thätig gewesen ist, da er
mit den dazu berufenen theologen in nahem verkehr stand. schon
1569 war er vom herzog Julius von Braunschweig mit Martin
Chemnitz und Jacob Andreä mit der reformierung der kirchen des
braunschweigischen landes beauftragt gewesen und 1583 war er mitglied der commission, welche zur visitation der kirchen in der Magdeburger diöcese bestellt wurde. wie der noch bei seinen lebzeiten
(1591) errichtete denkstein besagt, galt er schon damals als post
devastationem monasterii restaurator et primus reformator, collegii
quoque et scholae restitutor. seine verdienste um das kloster feiern
folgende verse:

> Quae prius Otto locat fundans hic Bergica tecta,
>   en reparat praesul Petrus amore dei.
> instituit fratres ut sit pia mandra laborans,
>   convocat huc pueros et facit esse scholam.
> colligit instituit reficit tunc bibliothecam,
>   se parat hinc θανάτῳ, dum pia fata vocant.

Simon Friedrich Hahne setzt ihm in seiner 'oratio de situ incrementis ac fatis variis antiquissimi clarissimique coenobii Bergensis' (Francof. ad Moen. 1706) ein denkmal in folgenden worten:
quid dicam de gymnasio nostro, quod primus omnium praesulum,
qui purioribus sacris addicti erant, instauravit optime, relegatis ex
hac sanctitatis arce pontificiis superstitionibus?

Unter den conventualen finden wir Balthasar Voigt aus Wer-
nigerode, der als pastor in Drübeck ein deutsches drama 'Joseph'
(1619) verfaszte.[7]

---

[7] Goedeke, grundrisz § 147, 245. zeitschrift des Harzvereins 1, 87.

Der verdiente abt Ulner starb altersschwach am 6 september 1595. der domprediger Sack hielt ihm die leichenpredigt er hatte am 29 juni 1573 seine ehe mit der tochter des ratskämmerers Johann Westphal in Magdeburg eingesegnet. seine verheiratung hatte der administrator des erzstifts in sonderlicher erwägung gestattet, dasz solches vorhaben christlich, billig und unserer wahren christlichen religion der augsburgischen confession gemäsz sei, er (der abt) auch etzliche jahre hero obberührtem kloster Berge mit allem getreuen fleisz vorgestanden, dasselbe, da es in der magdeburgischen empörung zu grunde eingerissen, verwüstet und an vorrat hab und gütern beraubt gewesen sei, wiederum erbauen lassen, in aufnahme und gedeihen gebracht, sich auch daneben in geistlichen und politisch gemeinen landsachen getreulich und unverweislich erzeigt habe.

Der nachfolger Ulners Clemens Strathusen (1595—1621) widmete der schule des klosters das gleiche interesse, wie es Ulner gethan hatte. die zahl der schüler belief sich auf jährlich 15—16. unter den damaligen lehrern nennen wir Caspar Lilienzweig, der später hofprediger in Braunschweig wurde, Johann Sommer aus Zwickau, der sich als deutscher dramatiker und verfasser mehrerer für die sittengeschichte wichtiger schriften hervorgethan hat[8], und Christoph Thodänus aus Schlockwerder, der 1617 diaconus an der St. Katharinenkirche zu Magdeburg wurde und über die katastrophe des 10 mai 1631, die er selbst erlebte, einen zuverlässigen bericht hinterlassen hat.[9]

Als Clemens Strathusen am 26 juli 1621 verstarb, erhielt Johannes Heiden aus Jersleben die abtstelle. beim einbrechen einer verheerenden pest in Magdeburg im jahre 1625, die auch im kloster ihre opfer forderte, wurden die zöglinge der klosterschule von ihren eltern abgeholt und die schule wurde aufgelöst. dann kamen die wirren des dreiszigjährigen krieges. schon 1625 drangen die Wallensteinschen heerhaufen ins erzstift; das kloster wurde durch die kaiserlichen truppen besetzt. am 26 juli 1626 starb der abt Heiden. sein nachfolger wurde Samuel Crusius, seit 1617 informator im kloster, seit 1623 conventual, seit 1624 procurator. schon ehe das restitutionsedict vom 3 märz 1629 erschien, wurde er vom kloster vertrieben und flüchtete sich nach Calbe a. S., wo er sich häuslich niederliesz; die conventualen begaben sich an verschiedene örter. der erzbischof von Prag und cardinal graf von Harrach erhielt vom kaiser das kloster als kaiserliches stift, suchte einen katholischen abt mit Benedictinermönchen einzuführen und setzte zur verwaltung des klosters und zur hebung der einkünfte und ausübung der gerichtsbarkeit einen procurator ein. im nächsten jahre (1630) liesz der administrator Christian Wilhelm die meisten

---

[8] Goedeke, grundrisz § 147, 220, § 175g.
[9] mitgeteilt von Vulpius, magnificentia Parthenopolitana, Magd. 1702. s. 270 ff.

klostergebäude abdecken und verwüsten. dann bemächtigte sich Tilly
des klosters, seine truppen zerstörten die kirche und von den kloster-
gebäuden blieb fast nichts als die bloszen mauern stehen. nach dem
Prager friedensschlusz 1635 kehrte Crusius nach Magdeburg zurück,
wo er mehrere jahre mit einigen conventualen eine schule unterhielt.
1638 bezog er das kloster wieder. aber da zunächst an die herstellung der notwendigsten gebäude gedacht werden muste, so unter-
blieb die eröffnung der schule. erst als der landtag zu Halle im
januar 1653 auf anlasz der ritterschaft darauf drang, dasz das kloster
einige knaben zur erziehung und zum unterricht aufnehmen möchte,
erklärte sich Crusius bereit, sobald es ihm möglich sein werde, zöglinge in wohnung und kost zu nehmen. wegen der geringen einkünfte
des klosters verzögerte sich jedoch die ausführung des vorhabens.
infolge einer neuen aufforderung, die am 5 februar 1655 erfolgte,
entschlosz er sich den bau einer schule in angriff zu nehmen und
veräuszerte zu diesem zwecke 50 bäume aus der Pechauer forst an
das fähramt zu Magdeburg. aber die angelegenheit blieb wieder
ruhen. da das ansehen des abtes Crusius durch seinen sohn Gottfried,
der in einem streit einen schöppen zu Dodendorf tödlich verletzt
hatte, arg geschädigt war, so wurde er abgesetzt. er verliesz das
kloster am 13 januar 1658 und begab sich auf sein gut in Calbe; aber
er konnte die unschuldig erlittene schmach der absetzung nicht ertragen und starb schon nach wenig wochen am 20 märz 1658 zu Calbe.

Die einsetzung eines neuen abtes wurde dadurch verzögert, dasz
man noch zu lebzeiten des abtes Crusius ernstlich daran dachte das
kloster Berge nebst dem kloster Hillersleben unter aufhebung der
convente in eine landesschule umzuwandeln. der oberhofprediger
Johann Olearius in Halle hatte sich in einem ausführlichen bedenken
dafür ausgesprochen und sein gutachten war mit vielen gründen
unterstützt worden. ja dasselbe bewirkte sogar, dasz dem convent
zu kloster Berge am 13 januar 1658 die wahl eines neuen abtes
untersagt wurde. das gerücht von der beabsichtigten aufhebung des
klosters trat nach dem tode des abtes Crusius immer stärker auf,
so dasz sich der convent genötigt sah in einem schreiben vom 9 juni
1658 die landstände zu ersuchen, sich für die erhaltung des ältesten
klosters des herzogtums Magdeburg bei dem landesfürsten zu verwenden. dieses gesuch hatte zur folge, dasz der gedanke an die um-
wandlung des klosters in eine landesschule aufgegeben wurde, zumal
da sich aus den rechnungen des klosters, die 1659 von dem procurator abgelegt wurden, ergab, dasz dasselbe nach abtragung der
landessteuern und anderer abgaben nicht so viel einkünfte übrig
habe, als zur beständigen unterhaltung einer landesschule nötig sei.
so wurde noch im september 1659 die aufnahme zweier neuer conventualen und die wahl eines neuen abtes zugelassen.

Am 2 januar 1660 wurde der conventual mag. Sebastian
Göbel zum abt des klosters Berge gewählt; seine bestätigung durch
den administrator Augustus erfolgte am 16 januar.

Göbel, am 26 december 1628 zu Dresden geboren, wurde nach vollendung seiner akademischen studien sonnabendsprediger an St. Nicolai in Leipzig und war wohl schon mit rücksicht auf die neuwahl 1659 in den convent aufgenommen worden. bald nach antritt seines amtes erliesz er statuten für den convent, welche am 21 juli 1662 von dem landesfürsten bestätigt wurden. die mitglieder des convents musten ihren theologischen studien fleiszig obliegen und namentlich über theologische materien disputationen halten. auch eine bibliothek schuf er, welche der landschaftssyndicus Georg Seiffarth mit einigen aus dem nachlasse des propstes Philipp Heinrich Malsius vom kloster U. L. Fr. durch erbschaft erhaltenen büchern vermehrte. Göbel machte 1685 dem kloster seine eigene büchersammlung zum geschenk, deren bestand sich nachweisen liesze, wenn das darüber handelnde actenstück des archivs noch vorhanden wäre.

Auf dem gebiet der theologischen wissenschaft zeigte sich Göbel sehr bewandert; er schrieb eine damals sehr geachtete 'methodologia homiletica' (Lips. 1672), deren zweite ausgabe von 1678 im vorworte eine abhandlung 'de fatis coenobii Bergensis' enthält. ferner verfaszte er eine 'enucleatio catechismi b. Lutheri in usum iuventutis maxime subditorum coenobii Bergensis', die mehrere auflagen erlebte. 1677 wurde er doctor der theologie in Jena, wobei er 'de pactis dei cum hominibus' disputierte. er erhielt den titel eines geheimrates des herzogtums Magdeburg und wurde mitglied der mit der inspection der kirchen und schulen des Magdeburger landes betrauten commission. nach vollendung einer amtlichen inspectionsreise verfaszte er einen tractat 'de fide viva et non solitaria', der als vorwort der postille des pastors an der St. Jacobikirche Christoph Koch vorausgeschickt war. am 30 mai 1677 veranstaltete er die säcularfeier der formula concordiae im kloster, wozu er durch ein besonderes programm einlud. [10]

Gleich bei antritt seines amtes liesz sich Göbel die wiederherstellung der verwüsteten klostergebäude angelegen sein und fügte sich dem ansuchen der landstände, eine schule zu eröffnen. nach der amtsentsetzung des abtes Crusius hatte der administrator Augustus in einer verfügung an das domcapitel vom 7 februar 1659 bestimmt, dasz bei einer eventuellen neuwahl sich alle conventualen speciatim durch schriftlichen revers zu verpflichten hätten, dasz der neue abt gehalten sein wolle und solle, eine anzahl von knaben, die das domcapitel nach des klosters gegenwärtigen intraden specificieren könne, vermöge des herkommens in das kloster behufs der information und education einzunehmen und dahin zu sehen, dasz solche knaben zu aller gottesfurcht und allen ihrem ingenio entsprechenden wissenschaften gebührend unterwiesen würden.

---

[10] programma quo ad saecularem formulae concordiae in monasterio Bergensi consummatae memoriam in templo coenobiali die XXX maii a. 1677 devote celebrandam invitat Seb. Goebel. 8 bl. 4.

Auf dem im december 1660 zu Halle abgehaltenen landtag erboten sich die landstände zu einer beisteuer von 300 thalern behufs herstellung der bergischen schule und die ritterschaft bewilligte einen jährlichen zuschusz von 40 thalern für jeden klosterknaben. nach instandsetzung der klostergebäude sollten fürs erste 3 knaben aufnahme finden; einen sollte der landesfürst, den zweiten das domcapitel, den dritten die gesamte landschaft stellen. nach verlauf der ersten 3 jahre sollten noch 3 aufgenommen werden und zwar sollten die prälaten, die ritterschaft und die städte je einen aus der zahl der lutherischen landeskinder stellen. es soll, heiszt es in dem beschlusz, der pro tempore anwesende und dem kloster vorstehende abt mit emsigem fleisz dahin bedacht sein, dasz die knaben, nachdem sie von ihm vorher gebührend explorieret worden, nicht versäumt und in der hergebrachten ungeänderten augsburgischen confession treulich unterwiesen und in doctrina et moribus auferzogen, auch was demselben verhinderlich sein möchte, ernstlich abgestellt werden.

Nach diesen beschlüssen wurde nun in den ersten sechs jahren verfahren. als aber die prälaten 1666 den landtagsbeschlusz dahin ausdehnten, dasz sie nach dem abgang eines kostknaben, der von ihnen in das kloster gegeben sei, einen anderen an dessen stelle zu geben willens seien, widersetzte sich abt Göbel und bestand darauf, dasz ihm nach dem alten herkommen das recht zustehe kostknaben aufzunehmen. nachdem er darauf die schriftliche versicherung gegeben, dasz er nur landeskinder aufnehmen wolle, lieszen die prälaten seine vorstellung gelten.

Zum unterricht dieser sechs knaben wurden die conventualen herangezogen. zwei von ihnen, Rathardus German und mag. Johann Gottfried Nitner, strengten 1665 gegen den abt eine klage an, welche zu weitläufigen verhandlungen führte, die damit endeten, dasz sich German zur abbitte bequemte. es handelte sich um disciplinarfälle, in denen sie ihre befugnis gegen den sohn des oberhofpredigers Olearius, den sohn des möllenvogts Vehse und einen jungen von Treskow überschritten hatten, weshalb sie vom abte scharf getadelt, in einem falle sogar geschlagen worden waren. die juristenfacultät zu Helmstedt hatte sich zu gunsten des abtes entschieden, indem sie die jurisdiction desselben anerkannte.[11]

Abt Göbel starb am 12 september 1685. der kurfürst Friedrich Wilhelm von Brandenburg, der nach dem tode des administrators Augustus (1680) von dem bereits im westfälischen frieden säcularisierten erzstift Magdeburg besitz genommen hatte, ordnete durch rescript vom 6 october 1685 die einsendung derjenigen klösterlichen registraturacten an, welche sich auf das vorhaben des verstorbenen administrators bezögen, 'bei dem kloster Berge ein gewisses gymnasium oder ritterschule einrichten zu lassen'; allein schon am

---

[11] acten des staatsarchivs zu Magdeburg.

9 october berichtete die magdeburgische regierung zu Halle, dasz
zwar aus den acten erhelle, dasz bei dem landtage des jahres 1657
wegen anrichtung einer landesschule ein und das andere ins mittel
gebracht sei, aber betreffs der anordnung eines gymnasiums oder
einer ritterschule diesseits nichts bekannt sei. in betreff der wieder-
besetzung der abtsstelle wurde vom kurfürsten mittels rescripts vom
21 october 1685 verfügt, dasz vorerst und bis er etwa ein anderes
darüber zu verordnen gut finden werde, der conventual Johann Conrad Ladey die functionen eines zeitigen abtes versehen, auch alle mit
dem amte verbundenen acte ausüben solle, 'aber alles ohne conse-
quenz und dasz dadurch Uns an Unseren desfalls habenden gerechtsamen in keiner weise präjudiciert wird.'[12] Johann Conrad
Ladey, dessen einführung am 22 april 1686 erfolgte, starb bereits
am 8 juli desselben jahres im alter von 40 jahren.

II. Das pädagogium in seiner blüte unter Wolfhardt, Breithaupt und Steinmetz (1686—1762).

Während die schule zu kloster Berge in ihrer ersten periode
nur ansätze zu einer entwicklung zeigt, die durch die unfälle des
krieges wieder zerstört werden, gelangte sie in der zweiten periode
zu ihrer höchsten blüte, indem sie durch tüchtige äbte und rectoren
zu einer der vorzüglichsten bildungsanstalten Deutschlands erhoben
wurde. es wirkte hierzu der günstige umstand mit, dasz die verfassung des klosters diejenige änderung erfuhr, welche allein im
stande war die schule in die reihe der gelehrten anstalten zu stellen.
waren nemlich seit dem übertritt des klosters zur reformation die
mitglieder des convents ausschlieszlich dazu bestimmt ihre theologischen studien durch praktische übungen zu vertiefen, während ein
eigens bestellter informator für den unterricht der wenigen zöglinge
der klosterschule verwendet wurde, so erhielten nunmehr die conventualen den auftrag sich ausschlieszlich der erziehung und dem
unterricht der zöglinge zu widmen, und das kloster wurde in eine
anstalt umgewandelt, die den charakter eines ihre schüler zu universitätsstudien vorbereitenden gymnasiums erhielt. es wurde zu
diesem zwecke eine gröszere zahl von schülern aufgenommen, die der
mehrzahl nach als alumnen betrachtet wurden und auf dem kloster
kost und unterricht gegen ein festgesetztes honorar erhielten. diese
änderungen wurden mit genehmigung der kurfürstlichen regierung
vom abte Simon Friedrich Wolfhardt, dem nachfolger des
abtes Ladey, getroffen, indem er zunächst zwei 'directoren' anstellte.
die lehrgegenstände waren religion, mathematik, geschichte, geographie, rhetorik, logik, poesie, moralphilosophie, die humaniora und
künste, also mit andern worten die unterrichtsfächer des gymnasiums. in jeder woche fand eine prüfung unter dem vorsitze des

---

[12] acten des geh. staatsarchivs zu Berlin.

abtes statt, wobei eine selbständig ausgearbeitete rede verlesen wurde;
an jedem mittwoch wurde über thesen aus dem gebiete der philosophie oder der geschichte disputiert. et en, ruft der fortsetzer des
chronicon Bergense aus, haec ipsa nostri coenobii facies, nostri lycei,
ad quod tamquam ad mercaturam bonarum artium ac sanctitatis arcem
ex locis diversis generosi ac nobilissimi adolescentes confluunt.
Wolfhardt, am 28 august 1650 zu Mainbernheim geboren, studierte in Wittenberg, wurde 1676 magister der philosophie, dann
assessor der philosophischen facultät und 1682 decan des philosophischen collegiums zu Wittenberg. am 16 august 1686 wurde er
zum abt des klosters Berge gewählt und am 1 november dess. j.
eingeführt. über seine durch den convent veranlaszte persönliche
vorstellung am kurfürstlichen hofe am 29 august und über seine
unterredung mit dem groszen kurfürsten hat er einen ausführlichen
bericht hinterlassen, den Gurlitt 1791 veröffentlicht hat. [13] 'in dieser
unterredung äuszerte dieser grosze fürst, sagt Gurlitt, eine wahrhaft
fürstliche gesinnung über streitige sätze des theologischen systems,
welche jeden mann erfreuen musz, der das unaussprechliche unheil
aus geschichte und erfahrung kennt, welches die einseitige und ein-
geschränkte denkart und der zwang in glaubenssachen seit der
gründung der christlichen kirche d. h. seit entfernung derselben von
der einfachen vernunftgemäszen lehre Christi gestiftet hat.' die
unterredung bezog sich auf die unterscheidungslehren der lutherischen
und reformierten kirche im abendmahl und auf den artikel von der
prädestination. in betreff des letzteren äuszerte der kurfürst, er habe
jederzeit dafür gehalten, es solle ein jeder so leben, dasz er aus
seinem leben schlieszen könne, er sei ein kind gottes und gehöre
zum haufen der auserwählten, und solle sich im übrigen um die
arcana consilia dei unbekümmert lassen.

Die lehrer behielten zwar als conventualen die früheren titel
eines procurator, culinarius, cellarius und hortulanarius bei und ver-
sahen die mit diesem amte verbundenen functionen, aber ihre haupt-
beschäftigung bildete das lehramt, und wenn sie auch, wie es bei
den früheren regelmäszig geschehen war, nach bestimmter zeit eine
vom kloster zu besetzende pfarre übernahmen, so gab es doch auch
unter den zu Wolfhardts zeit amtierenden lehrern einige, die ausschlieszlich im lehramte verblieben und ihren lehrerberuf als lebens-
beruf, nicht als durchgangsstufe zum geistlichen amte betrachteten.
zu diesen gehörten mag. Benjamin Hederich und Werner Jacob
Clausius. der erstere, der 1702 als lehrer an das kloster berufen
wurde, erhielt 1705 das rectorat der schule zu Groszenhain und hat
dasselbe bis zu seinem tode (1748) verwaltet. er ist der berühmte
lexicograph. seine schriften sind in Biedermanns nova acta scholastica 1, 875 ff. verzeichnet. [14] als lehrer zu kloster Berge lud er 1704

---

[13] deutsche monatsschrift 1791. bd. 2. s. 224—232.
[14] allg. deutsche biographie 11, 221.

in einem osterprogramm zu dem redeact ein, mit welchem die entlassung von drei abiturienten verbunden war. Werner Jacob Clausius, der von 1705—1709 als lehrer thätig war, gieng erst, nachdem er ein jahr rector der stadtschule in Calbe a. S. und acht jahre conrector an der domschule zu Magdeburg gewesen war, 1719 in das pastorat zu Welsleben über. während seiner lehrthätigkeit am kloster Berge˚schrieb er vier programme: 'de artium cultura, praesertim de matheseos utilitate' (1706), 'in memoriam coronationis Borussiacae' (1707)[15], 'de eruditione et pietate Joh. Pici Mirandulani' (1707) und 'rerum memorabilium per archiepiscopatum nunc ducatum Magdeburgicum historia' (1709). bei dem redeacte, der zu michaelis 1706 veranstaltet wurde, erschien unter den rednern ein klosterbergischer schüler Simon Friedrich Hahne, ein sohn des seniors des convents und klosterpredigers Johann Hahne.[16] er ist der verfasser der oben erwähnten rede 'de ortu incrementis ac fatis .. coenobii Bergensis', mit welcher er am 15 september 1706 valedicierte und die er 1709 in erweiterter gestalt herausgab. noch in demselben jahre verfaszte er unter benutzung des bergischen archivs die acta formulae concordiae. er machte sich ferner durch die fortsetzung des Meimbomschen chronicon Bergense und durch herausgabe des diploma fundationis coenobii Bergensis ad Albim (1710) um die geschichte des klosters Berge sehr verdient. in seinem 20n lebensjahre (1712) wurde er magister der philosophie, 1716 professor der geschichte in Helmstedt, wo er eine rede 'de genuino ac salico Conradi II ortu' hielt, der er 'vindiciae diplomatis fundationis coenobii Bergensis' beifügte. 1727 wurde er kurfürstlich braunschweiglüneburgischer rat und bibliothekar in Hannover, starb aber schon am 18 februar 1729. sein bruder Johann Friedrich Christoph Hahne schrieb einen nekrolog 'de moribus libris et institutis D. Sim. Frid. Hahnii' (Magd. 1729. 4).

Ein anderer schüler jener zeit war Christian August Salig, bekannt durch eine schrift de diptychis und eine historia confessionis Augustanae.[17]

Wolfhardts pädagogisches wirken läszt sich nur nach den äuszeren thatsachen beurteilen. die schule beginnt unter ihm als gymnasiale anstalt ihre segensvolle thätigkeit. er hat während seiner amtsführung im ganzen 95 schüler aufgenommen, unter denen 35 vom adel waren. er baute ein schulhaus, in welchem sich zugleich das alumnat befand, und zierte das portal derselben mit der inschrift: Deo et Musis. S. F. W. Ab. B. (Simon Fridericus Wolfhardt abbas

---

[15] in diesem programme nennt er sich conventualis et lycei director.

[16] er wird in der allg. deutschen biographie 10, 372 irrtümlich Hahn genannt und als der sohn des seniors des gräflichen ministeriums zu Burg bezeichnet. seine wichtigen auf kloster Berge bezüglichen schriften sind dort nicht genannt.

[17] Joh. Arn. Ballenstedtii epistola de vita et obitu J. A. Saligii. Helmst. 1738. 4.

Bergensis).[18] Wolfhardt starb am 13 april 1709. unter den epicedien, die ihm gewidmet wurden, befand sich auch ein französisches gedicht des französischen sprachmeisters des klosters François Berteau.

Wolfhardts nachfolger wurde der professor der theologie und director des theologischen seminars in Halle Joachim Justus Breithaupt.[19] seine einführung fand am 1 november 1709 statt. er stand dem kloster bis zu seinem tode vor, indem er gleichzeitig seine halleschen ämter versah.

Es war von nicht zu unterschätzender bedeutung, dasz vom könig Friedrich I eine hauptstütze der halleschen theologie nach kloster Berge berufen wurde, um in die anstalt diejenigen pädagogischen grundsätze einzuführen, welche in dem von Aug. Herm. Francke gegründeten halleschen waisenhause galten. Francke und Breithaupt waren 1691 an die zu stiftende universität Halle berufen worden; beide haben einen bestimmenden einflusz auf die entwicklung der evangelischen theologie ausgeübt, indem sie dieselbe von den fesseln einer schulmäszigen orthodoxie befreiten. sie bestrebten sich den Spenerschen pietismus auch in die schule zu verpflanzen und so das erziehungs- und unterrichtswesen zu läutern. dieses streben, welches der könig begünstigte, war der anlasz zu Breithaupts berufung nach Magdeburg als propst des klosters U. L. Fr. und generalsuperintendent des herzogtums Magdeburg, welche 1705 erfolgte. in diesen ämtern zeigte er sich so tüchtig, dasz er 1709 unter entbindung von der propstei des klosters U. L. Fr. die abtstelle von kloster Berge erhielt. leider wissen wir nur wenig über die art seiner wirksamkeit in diesem amte, da alle acten, die darüber einen aufschlusz geben könnten, verloren gegangen sind.[20] wir können nur aus dem wirken seines amtsnachfolgers, des abtes Steinmetz, einen schlusz auf seine thätigkeit machen, denn dieser hat in dem geiste Breithaupts weiter gearbeitet. allein es ist sicher, dasz das kloster Berge durch seinen einflusz zur zweiten berühmten erziehungsanstalt des pietismus erhoben wurde.

Während Breithaupts amtsführung sind 181 zöglinge aufgenommen worden. da im kloster die hallesche methode, wie sie in den Franckeschen stiftungen zur anwendung kam, eingang fand, so dürfen wir annehmen, dasz die 'ordnung und lehrart, welche in Franckes öffentlichem zeugnis von den werken gottes' (1702. s. 237 —300)[21] und die (von H. Freyer) 'verbesserte methode des paedagogii regii' (1721)[22] für kloster Berge vorbildlich wurde.

---

[18] der diese inschrift tragende stein befand sich 1873 im besitze des rittergutsbesitzers Schneider in Sudenburg-Magdeburg.
[19] allg. deutsche biographie 3, 292.
[20] s. meinen aufsatz 'das archiv des klosters Berge' in den geschichtsblättern für stadt und land Magdeburg 17, 182—203.
[21] abgedruckt in Vormbaum evangelische schulordnungen 3, 53 ff.
[22] ebd. 3, 214 ff. Schmid encyklopädie des gesamten erziehungs- und bildungswesens 4², 265.

Einer der damaligen lehrer, Johann Simon Buchka, verfaszte eine satire auf den pietismus, 'Muffel, der neue heilige' (Basel 1731), die ihn aber so heftigen angriffen aussetzte, dasz er in seinen 'evangelischen buszthränen' (Basel 1737) feierlich widerrief. er wurde 1734 conrector des gymnasiums in Hof. er ist auch bekannt als verfasser des kirchenliedes 'steh, armer mensch, besinne dich!'[23] Breithaupt war ein mann des gebetes wie wenig andere. schon bei seinem aufenthalte in Erfurt, wo er seit 1687 an der predigerkirche angestellt war, antwortete der kurfürst von Mainz seinen anklägern: 'lasset den mann, denn er betet für uns.' selbst bei den gichtleiden seines böheren alters, so erzählt Tholuck[24], liesz er sich nicht abhalten stets auf den knien sein gebet zu verrichten. imponierend war schon seine äuszere erscheinung, wie der kanzler J. P. v. Ludewig sie schildert. 'hager von person, breit von haupt und schultern, im gehen und reden langsam und starr von gesicht, dasz ihm jedermann, der ihn nur ansah, mit ehrerbietung aus dem wege gieng und insonderheit die studiosi theologiae vor ihm eine grosze ehrfurcht bezeugten.' er starb am 16 märz 1732. 'das magdeburgische denkmal des sel. herrn abt Breithaupts' (Magdeb. 1732) ist ein quartband von 444 seiten und enthält u. a. eine gedächtnispredigt des klosterpredigers Gerlach nebst einem lebenslauf des verstorbenen. Johann Justus v. Einem, ein ehemaliger lehrer der schule, damals pastor in Osterweddingen, feierte Breithaupts verdienste in einem lateinischen gedichte 'memoriae b. d. Joachimi Justi Breithaupti .. theologi absque controversia magni .. hoc devoti animi monumentum sacrum esse voluit J. J. v. Einem' (Magdeburg 12 s. fol.), worin er auch wegen seiner poemata miscellanea (1720) als dichter gerühmt wird.[25] speciell von kloster Berge handeln folgende verse:

Coenobium Bergam instauravit sidere fausto
collapsas multas restituitque domos,
amissis et agris ipsum ampliter augmentavit
rursus consiliis auspiciisque suis,

[23] geistlicher liederschatz. nr. 1699.
[24] geschichte des rationalismus 1, 10.
[25] der titel lautet: 'memoriae reverendissimi viri b. d. Joachimi Justi Breithaupti abbatis Bergensis ordine LVI, regii consistorii Magdeburgici consularii ecclesiastici eiusdemque senioris, ducatus Magdeburgici superintendentis generalis, sacrorum Hillerslebensium nec non seminarii theologici directoris, facultatis theologicae Hallensis professoris primarii et totius huius universitatis senioris, dum viveret, gravissimi, theologi absque controversia magni et de ecclesia immortaliter meriti, d. 16 Mart. a. C. in domino placide demortui, parentis, propinqui et praeceptoris mei in Christo omni pietate etiam post fata devenerandi, hoc devoti animi monumentum b. viri laudes et merita continens, tentatum tamen magis quam repraesentatum et lugubri calamo atque mente scriptum, sacrum esse voluit Johannes Justus von Einem, in coenobii Bergensi haud ita pridem per octo annos primum rector, deinde per totidem annos b. viri confessionarius pastor, scholarcha et bibliothecarius, hodie vero in ducatu Magdeburgensi verbi divini minister. Magdeburgi litteris viduae Siegelerianae.' 12 s. fol.

et per consultum curavit in ordine poni
archivum, acta in quo publica cuncta iacent,
auxit doctorum solatia, bibliothecam,
codicibus multis cognitione boni.

Die stätten seiner wirksamkeit werden in folgenden versen genannt:

Guelfica testatur, loquitur Magdburgica tellus,
Meinunga, Erfurtum, Kilonium, Hala ferunt.

Alle trauern um den verlust des entschlafenen, besonders Berge:

Stant pueri madidis oculis, flet serior aetas
nec sibi quis riguis temperat a lacrimis.
tu columen lumenque scholae numenque sophorum,
tu decus et nostri gloria prima soli.
inprimis maeret peramoeno monte beata
Berga ac frustra parem quaerit in orbe patrem.

Dem gedichte folgen 'notae et observationes singularia quaedam b. viri continentes et Bergensis coenobii statum illustrantes' (s. 7—12).

Für die vermehrung der bibliothek hatte Breithaupt in hervorragender weise gesorgt. er wies ihr angenehme, nach osten gelegene räume an, die eine herliche aussicht nach dem klostergarten und nach der Elbe gewährten, schmückte sie mit den bildnissen jener sechs theologen, welche im mai 1577 die formula concordiae im kloster Berge verfaszt hatten, und liesz 1720 durch den lehrer der schule Minckwitz, der später kirchenrat in Reval war, einen realkatalog anfertigen, der sich handschriftlich auf der universitätsbibliothek zu Halle befindet. derselbe weist einen bestand von 2548 nummern auf; die bücher selbst sind nach 14 abteilungen geordnet.[26] seine eigne bibliothek, die sehr ansehnlich war, wurde nach seinem tode gemäsz einer testamentarischen bestimmung verkauft und aus dem erlös ein stipendium für arme studierende gestiftet.

Weder ein lectionsverzeichnis noch conferenzprotokolle sind erhalten, nur einige programme vermögen wir nachzuweisen. 1712 verfaszte der conventual Joh. Friedr. Christoph Hahne, ein bruder des schon genannten Simon Friedr. Hahne, ein solches mit der abhandlung 'de perturbationibus rerum publicarum ex dissidiis privatis', mit welchem er zur entlassung von 6 abiturienten einlud. unter den conventualen nahm Joh. Justus v. Einem aus Göttingen eine hervorragende stellung ein; er war 8 jahr lang rector des pädagogiums, dann ebenso lange scholarch und bibliothekar, senior des convents und klosterprediger. 1714 schrieb er ein programm 'de genuina ad elegantiam via' und beim tode des klosterpredigers Friedr. Schütte (1717) lud er in einem programm zu den leichenfeierlichkeiten desselben ein. 1729 gab er Lutheri poemata latina dispersa heraus. als

---

[26] s. meinen aufsatz 'die bibliothek des klosters Berge' in den geschichtsblättern für stadt und land Magdeburg 18, 28 ff.

pastor zu Osterweddingen war er ebenfalls noch litterarisch thätig. er veröffentlichte eine schrift 'de vita et scriptis Joh. Brentii' (Magd. 1733) und zwei aus seiner früheren lehrthätigkeit hervorgegangene schriften: 'conspectus historiae civilis, ecclesiasticae et litterariae, studiosae iuventuti publicis quondam praelectionibus expositus, postea ad a. 1730 productus et in eius gratiam editus' (Magd. 1736) und 'conspectus historiae Magdeburgicae, studiosae iuventuti publicis quondam praelectionibus expositus, nunc concise descriptus, emendatus, ad haec tempora productus' (Magd. 1746).[27]

Breithaupts nachfolger wurde J o h a n n A d a m S t e i n m e t z. er war am 24 september 1689 zu Grosz-Kniegnitz im fürstentum Brieg als der sohn des dortigen pastors geboren, besuchte das gymnasium zu Brieg und studierte seit 1710 in Leipzig; 1715 wurde er hilfsprediger in Mollwitz, 1717 pfarrer zu Töpliwoda in Schlesien, und 1720 oberprediger in Teschen, von wo er 1729 mit zwei anderen evangelischen geistlichen vertrieben wurde, und war zuletzt seit 1730 pastor und superintendent in Neustadt an der Aisch gewesen.[28] er war der preuszischen regierung durch seinen bisherigen landesherrn, den markgrafen von Bayreuth, warm empfohlen und entsprach den erwartungen, die man von seiner amtsführung hegte, in der glänzendsten weise. unter ihm erreichte die anstalt ihre höchste blüte und erlangte den ausgebreitetsten ruf, so dasz die frequenz eine überaus günstige war. besonders von 1738 an nahm dieselbe so auszerordentlich zu, dasz jährlich 40—50 schüler aufgenommen wurden und dasz gewöhnlich mehr als 150 schüler zu gleicher zeit die anstalt besuchten. während seiner 30 jährigen amtsführung hat Steinmetz 930 schüler aufgenommen. diese gehörten teils dem adel teils den angesehensten familien nicht blosz des Magdeburger landes, sondern auch anderer gebiete des deutschen reiches an. von adligen familien waren die reichsgrafen v. Erbach, v. Solms-Baruth, v. Leiningen-Westerburg, v. Stolberg-Wernigerode, die herren v. Wittgenstein, v. Reissnitz, v. Bismarck, v. Zinzendorf, freiherren v. Kaderzie und Grabofka, v. Hedemann, freiherren v. Trenck, v. Arnim u. a. vertreten. in ganz Deutschland galt die klosterbergische schule für eine der besten erziehungsanstalten und wenn sie auch als eine pflanzstätte des pietismus bekannt war, so wurde sie doch von allen seiten begehrt, weil man wuste, dasz, wenn auch für die religiöse einwirkung teils durch den religionsunterricht teils durch die religiösen andachten reichlich gesorgt war, doch kein

---

[27] es schlosz sich daran D. Mich. Walteri iudicium theologicum de excidio Magdeburgico, in Batavia quondam in lucem emissum.

[28] bei seiner feierlichen einführung am 12 dec. 1732 in das neue amt begrüszte ihn J. J. v. Einem mit einer festschrift 'de origine fatis et incrementis bibliothecae coenobii Bergensis propter Magdeburgum'. Magd. 1732. 30 s. 4. an diese abhandlung schlieszt sich eine 'commentatio sistens genuinam nativitatis Christi aeram seu novas de tempore nati Christi meditationes', die v. Einem dem professor der theologie Joh. Jacob Rambach bei seiner berufung nach Gieszen widmete.

gewaltsamer bekehrungszwang ausgeübt wurde. und was David
Michaelis von dem religionsunterrichte der Franckeschen stiftungen
sagte: 'religion wird zwar mit eifer betrieben und dazu ermahnt,
aber gewis niemandem aufgezwungen, auch kein sonst moralischer
jüngling deshalb zurückgesetzt, weil man sie an ihm zu vermissen
glaubt'[29], das findet auch auf den religionsbetrieb im kloster Berge
seine volle anwendung. wir finden dies bestätigt durch das urteil,
welches ein ehemaliger zögling des klosters Berge, der hofrat Friedr.
v. Köpken, der die anstalt von 1752—1756 besuchte, in seiner hand-
schriftlichen autobiographie gefällt hat. er sagt: 'die anzahl der
studierenden betrug um diese zeit 150 und es war unter den schülern
im ganzen viel lernbegierde. es herschte damals zwar zu kloster
Berge der frömmelnde ton, der auch im halleschen waisenhause eingeführt war, ich kann aber nicht sagen, dasz er auf die wissenschaft
und den schulunterricht einen nachteiligen einflusz gehabt hätte.
wenn ich die vielen betstunden, die besonders an den sonntagen zu
überhäuft waren und die man besuchen muste, ausnehme, so ward
keinem hierin irgend ein zwang aufgedrungen. ich weisz es vielmehr
aus manchen äuszerungen, dasz der brave abt Steinmetz, der wahre
frömmigkeit mit weltkenntnis und weltklugheit verband, die kopfhängerei, die manche, die sich einschmeicheln wollten, annahmen,
nicht leiden konnte. auch Wieland, der ein jahr vor mir dort studierte, hat mir gesagt, dasz ihn der abt gegen die bedrückung eines
schwärmers in schutz genommen hätte.'

An dem ruhme, in welchem Wielands dichtergrösze strahlt, darf
auch das kloster Berge, das den aufstrebenden jünger der dichtkunst
während eines anderthalbjährigen zeitraumes (von michaelis 1747
bis ostern 1749) in seinen stillen räumen beherbergte, um ihn für
die höheren studien vorzubereiten, einen bescheidenen anteil in an-
spruch nehmen. für die beurteilung des einflusses, welchen die
deutschen gymnasien in der mitte des vorigen jahrhunderts auf die
entwicklung unserer litterarischen zustände ausgeübt haben, ist es
bedeutungsvoll, dasz Klopstock, Wieland und Lessing, mit deren
auftreten fast gleichzeitig eine neue periode unserer litteratur beginnt, zöglinge geschlossener anstalten gewesen sind. Wieland, der
zögling des 'pietistischen' klosters Berge, konnte sich dem religiösen
einflusz der von ihm besuchten schule nicht entziehen, und unzweifelhaft hat sein schulleben in kloster Berge seiner geistigen entwicklung
eine entscheidende richtung gegeben; aber wenn die urteile, die er
über den religiösen standpunkt des abtes Steinmetz gefällt haben
soll, richtig wären, so würden sie uns den ehemaligen zögling des
klosters Berge in einem wenig vorteilhaften lichte erscheinen lassen.[30]
es besteht die allgemeine annahme, dasz kloster Berge damals im

---

[29] Tholuck geschichte des rationalismus 1, 38.
[30] s. meinen aufsatz: 'Wielands schülerleben zu kloster Berge' im
beiblatt zur Magdeb. zeitung 1882. nr. 43.

pietismus völlig befangen gewesen sei und dasz sich Wieland anfangs ganz der pietistischen neigung seiner lehrer hingegeben habe,
dasz aber eine plötzlich eingetretene freie geistesrichtung ihn sogar
in den ruf eines freidenkers gebracht habe; aber man vergiszt, dasz
der pietismus, der seinem innersten wesen nach auf ein erbauliches
christentum hinzielte, nicht nur die kirche und das kirchliche leben
wohlthätig beeinfluszt, sondern auch nicht unwesentlich zur läu-
terung des erziehungs- und unterrichtswesens beigetragen hat. am
treffendsten scheint uns Goethe das wirken des vielfach verkannten
abtes Steinmetz und der im kloster Berge herschenden religiösen
strömung charakterisiert zu haben. als er im august 1805 Magdeburg besuchte, weilte sein blick lange auf der groszen baumgruppe,
welche nicht allzufern, die fläche zu zieren, ehrwürdig dastand. 'sie
beschattete, so schreibt er in den tages- und jahresheften, kloster
Berge, einen ort, der mancherlei erinnerungen wachrief. dort hatte
Wieland in allen concentrierten jugendlichen zartgefühlen gewandelt,
zu höherer litterarischer bildung den grund gelegt; dort wirkte abt
Steinmetz in frommem sinne, vielleicht einseitig, doch redlich und
kräftig.' 'und wohl bedarf, so fügt er hinzu, die welt in ihrer un-
frommen einseitigkeit auch solcher licht- und wärmequellen, um
nicht durchaus in einem egoistischen irrsale zu erfrieren und zu ver-
dursten.'[31] und in der 'zum andenken des edlen dichters, bruders
und freundes Wieland' am 18 februar 1813 gehaltenen rede nennt
er das uralte, an den ufern der Elbe lindenumgebene kloster Berge
eine unter der aufsicht des wahrhaft frommen abtes Steinmetz in
gutem rufe stehende erziehungs- und lehranstalt.[32] abt Steinmetz
war ein patriarchalischer mann, den seine zeit für einen groszen
segen hielt, eine religiöse kernnatur.[33] könig Friedrich II hatte mit
wohlgefallen die günstige entwicklung der schulanstalt beobachtet.
alle jahre sandte ihm der abt ein verzeichnis der schüler und fügte
diesem einen unterthänigen neujahrswunsch hinzu, den der könig
mit huldvollen worten erwiderte.

Eine dreiszigjährige wirksamkeit an einer immer mehr an ruf
und ansehen gewinnenden lehranstalt war wohl geeignet, dem leiter
derselben eine summe von erfahrungen zuzuführen, die ihn in den
stand setzte, pädagogische misgriffe möglichst zu vermeiden. Steinmetz legte das hauptgewicht in die erziehung selbst und wandte alle
sorgfalt auf die wahl derjenigen methode, durch welche die seiner
aufsicht anvertrauten schüler am besten zu sittlich tüchtigen männern
herangebildet würden. diese erziehliche thätigkeit der schule konnte
nun auch in vortrefflicher weise zur geltung kommen, da ja die anstalt eine alumnatsanstalt war, der die schüler aus den entferntesten
gegenden Deutschlands zugeführt wurden. um so gröszer war aber

---

[31] Goethes werke 27, 1, 124 (Hempel).
[32] ebd. 27, 2, 55 (Hempel).
[33] Hagenbach kirchengeschichte 6, 133.

auch die verantwortung, die Steinmetz mit seinem lehrercollegium
übernahm. daneben stellte er das unterrichtliche moment als die
zweite aufgabe, die er zu lösen hatte. es kam ihm nicht nur darauf
an, seine schüler für den gelehrten stand zu bilden, sondern er suchte
sie auch für die verschiedensten berufskreise des lebens tüchtig zu
machen. und so sind aus dieser bildungsanstalt männer hervorgegangen, die nicht nur eine hohe und ansehnliche stellung im
öffentlichen leben erlangten, sondern auch in staat und kirche be-
deutendes geleistet haben. wir nennen auszer Wieland die minister
v. Hagen und v. Schulenburg-Kehnert, den consistorialrat Steinbart,
den hofrat und bibliothekar Adelung in Dresden, die oberconsistorialräte Silberschlag, den consistorialrat Hermes in Quedlinburg, präsi-
dent v. Bugenhagen, kammerherrn v. Spiegel, consistorialrat Reccard
in Königsberg, general v. Kleist, hofrat v. Köpken u. a. mit inniger
dankbarkeit gedachten die ehemaligen schüler der auf kloster Berge
verlebten zeit und der groszen verdienste, die sich der abt Steinmetz
um ihre bildung erworben hatte.

Steinmetz widmete sich mit ganzer kraft der ihm anvertrauten anstalt, er verfuhr mit groszer vorsicht, klugheit und gewissenhaftigkeit bei der wahl der lehrer, er hielt durch häufige
classenbesuche lehrer und schüler in steter aufmerksamkeit und
thätigkeit. schulgesetze gab er nur in beschränktem masze, aber
die einmal gegebenen musten streng beachtet werden. die 'kurze
nachricht von der gegenwärtigen verfassung des klosterbergischen
paedagogii' vom jahre 1752, mit der eine andere von 1756 im
wesentlichen übereinstimmt, enthält in ihrem ersten teile (§ 1—14)
allgemeine bestimmungen. im ersten paragraphen wird die christliche erziehung betont: 'die lehrer sind verbunden bei aller gelegenheit und mit allem nur ersinnlichen fleisz dahin zu arbeiten, dasz die
schüler zu einer wahren hochachtung der göttlichen geoffenbarten
religion gebracht, Christo ihrem heiland zugeführt und im glauben
an denselben gegründet werden.' sodann wird in § 2 der umfang
der zu erreichenden wissenschaftlichen bildung bestimmt. § 3 handelt von den unterstützungen der unterweisung durch zucht und aufsicht. hier heiszt es: 'insbesondere wird kein scholar bei uns geduldet,
der sich als ein freventlicher und beharrlicher verächter gottes, unseres
heilandes, seines wortes und der h. sacramente zu bezeigen erkühnen
wollte.' § 4 spricht von der gelegenheit zur nötigen leibesbewegung
und gemütsvergnügung. es gehören dazu motion mit dem ballon,
spazierengehen, auch mechanische übungen, z. b. drechseln, glas-
schleifen, tischlerarbeiten. in § 5—9 werden die kosten für speise
und trank, wohnung, unterricht, bedienung, krankenpflege usw.
aufgeführt. [34] zu den erfordernissen bei der aufnahme (§ 14) gehören

---

[34] es gab drei tische mit verschiedenen preisen pro quartal: 19 thlr.
12 gr., 15 thlr. 4 gr., 9 thlr. 18 gr. wer eine stube allein bewohnte,
zahlte pro quartal 12 thlr. und muste auch die kosten für einen specialhofmeister tragen; wenn 2—3 eine stube bewohnten, so wurden 7 thlr.,

u. a. gehorsam, 'vermeidung von allzuproprer oder kostbarer klei-
dung'. der specialhofmeister wurde vom abt 'choisiert' und angenommen. der schlusz dieses abschnittes lautet: 'der herr lasse alle
jugend, die uns anvertraut wird, ihm zum preis und ehren und zu
ihrem eignen nicht nur zeitlichen sondern ewigen wohlsein erzogen
werden.'

Mit besonderer vorliebe wurden die redeacte gepflegt. zunächst
fand mittwochs von 3—5 (1756 dafür mittwochs und sonnabends
von 4—5) ein actus oratorius statt, welcher zur vorbereitung auf
die öffentlichen actus diente. die auswahl der stücke aus dichtern
und prosaikern verschiedener sprachen wurde vom lehrer getroffen.
da in jeder woche etwa 16 schüler auftraten, so kamen wegen der
ununterbrochenen fortsetzung der übungen nach und nach alle schüler
der anstalt an die reihe. die proben fanden in den zwischenpausen
statt, da vom schulunterricht deswegen nichts versäumt werden
durfte. aus diesen wichtigen übungen entstand, wie Köpken in
seiner selbstbiographie rühmt, der vorzug der klosterbergischen
öffentlichen actus, in denen die geübtesten redner auftraten. die von
1734 an vorhandenen oster- und michaelisprogramme enthalten neben
der wissenschaftlichen abhandlung des rectors oder eines lehrers
die namen der auftretenden redner und die themata ihrer reden. die
zahl der redner schwankt zwischen 12 und 27. mitunter behandelt
die mehrzahl der redner ein und dasselbe thema, das nach verschiedenen gesichtspunkten ausgeführt ist: so behandeln die ostern 1739
zur feier der erneuerung des schulgebäudes auftretenden 21 schüler
teils in gedichten, teils in gesprächen, teils in reden das thema 'quantum mechanica corporis humani cognitio et gloriae divinae illustran-
dae et felicitati hominum augendae inserviat.' in der regel war mit
diesen redeacten auch die öffentliche prüfung der schüler und die
entlassung der abiturienten verbunden, welche von der schule öffentlich abschied nahmen. doch begnügten sich die abiturienten nicht
mit einer rede, sondern sie schrieben förmliche abhandlungen. so verfaszte Johann Ernst Gottl. v. Radetzki bei seinem abgang von der
schule (brevi in patriam discessurus) 1739 eine lateinische abhandlung, in der er eine stelle des h. Ignatius zu Ephes. c. 9 ausführlich
erläutert, und bei dem am 30 september angesetzten valedictionsact
traten noch 19 schüler auf. hierzu kamen noch disputationsschriften

---

und für inspection 6 thlr. gezahlt; wenn 4 auf einer stube wohnten, so
zahlten sie 3 thlr. 12 gr. und für inspection 3 thlr.; wenn 5 oder 6 zu-
sammenwohnten, so zahlten sie 2 thlr. 12 gr. und für inspection 2 thlr.
das honorar für unterricht (schulgeld) betrug 2 thlr. 12 gr. pro quartal,
für diener, krankenpflege, benutzung von möbeln usw. wurden 5 thlr.
18 gr. gezahlt. in der letzten zahlung waren auch einbegriffen 12 gr.
'für den conduitenmaitre, welcher den scholaren die gehörige stellung
des leibes, ein geschicktes compliment und was sonst zur äuszerlichen
wohlanständigkeit erfordert wird, bei gelegenheit der jährlichen und
öffentlichen redeübungen, auch in sonst dazu ausgesetzten stunden
beibringt.'

der schüler, die unter dem vorsitz des rectors oder eines lehrers verteidigt wurden. indessen scheint diese von der akademie entlehnte disputation nur in der ersten zeit bestanden zu haben, denn es haben sich nur vier derartige schülerabhandlungen aus der zeit von 1736 —1744 vorgefunden. die abhandlung, die Carl Christoph v. Arnim am 30 januar 1736 unter vorsitz des rectors Hertel verteidigte, handelt 'de Ottonis magni ecclesiae prospiciendi conatu' (28 s. 4). der verfasser der zweiten dissertation vom 11 october 1736 'de auspiciis monasterii Bergensis' (22 s. 4) ist Joh. Conrad Daniel Hoyoll aus Mansfeld. es erregt unser gerechtes staunen, wenn wir sehen, dasz der verfasser zur herstellung seiner abhandlung urkunden und eine reihe von gelehrten werken benutzte, um material zur erläuterung und vervollständigung des Meibomschen chronicon Bergense zu geben. ebenso verteidigte Joh. Andreas Reinig aus Magdeburg am 10 april 1737 unter vorsitz des rectors Hertel seine dissertatio historica 'de iuribus advocatiae sic dictae a monasterio Bergensi olim adquisitis' (26 s. 4), eine abhandlung, die sechs auf den ankauf der vogtei über das kloster bezügliche aus dem originale mitgeteilte urkunden der jahre 1221—1234 enthält. das jahr 1737 gab nemlich dem kloster zu einer besondern feier anlasz. es waren 800 jahre seit der stiftung des klosters vergangen. der rector Hertel lud durch ein besonderes programm für den 23 april zur feier des 'andenkens der göttlichen vorsehung über unser im jahre 937 gestiftetes kloster Berge' (8 s. 4) ein. [35] die letzte dissertation ist die des abiturienten Fried. Georg Philipp Seip aus Pyrmont 'de vocabulis metaphoricis eorumque in sacra scriptura necessitate usu et praestantia' (24 s. 4), deren verteidigung am 6 october 1744 unter dem vorsitz des conventualen Christian Gottfr. Struensee stattfand.

Der schon angeführten nachricht von 1752 ist ein 'kurzer entwurf der täglichen lectionen, privatarbeiten und recreationen der scholaren auf dem klosterbergischen paedagogio' beigefügt. danach war die tagesordnung folgende: vor beginn des unterrichtes um 7 uhr betstunde, unterricht von 7—11, nachmittags auszer mittwoch und sonnabend 2—5, repetier- und elaborierstunde 11—12, tischzeit 12—1, erholungsstunde 1—2, arbeitsstunde 5—7; abends 7—8 tischzeit, 8—9 singen oder spazierengehen im sommer, 9—$^1/_4$10 betstunde, dann frei bis 10. 'keinem wird erlaubt über 10 uhr aufzubleiben.' für mittwoch und sonnabend nachmittag: 1—2 bibliothek und maschinen- und naturaliensaal, 2—3 spaziergang oder leibesmotion, 3—5 actus oratorius, 6—7 repetitions- oder elaborierstunde. man sieht, dasz die schüler zu pflichtmäsziger arbeit angehalten wurden. an ferien gab es nur den dies profestus und post-

---

[35] das kloster Berge identificierte sich seit alter zeit mit dem 937 von Otto I gestifteten Moritzkloster und bewahrte deshalb auch die ältesten für das letztere ausgestellten urkunden in seinem archive. das jahr der gründung des klosters Berge ist nicht bekannt. die stiftung fällt aber kurz vor 968.

festus, sowie einige tage nach dem actus oratorius zu ostern und michaelis.

In den lehrplan waren die unterrichtsgegenstände des gymnasiums aufgenommen. r e l i g i o n 3 st.: IV heilsordnung nach einer mit den Freylinghausenschen lehrbüchern übereinstimmenden tabelle, III glaubensartikel nach Freylinghausen, II ausführliche entwicklung der glaubenslehre nach Freylinghausen, I dogmatische theologie; g r i e c h i s c h 3 st.: IV declination und conjugation, Johannesevangelium und einige leichte apostolische briefe, III synoptische evangelien und briefe des Johannes, II syntax, die anderen apostolischen briefe, Macarii homilien, I septuaginta, chrestomathia patristica, Gesners chrestomathie aus den profanautoren; l a t e i n i s c h 10 st.: V Weisii Latium in compendio, IV Nepos (statarisch), Eutrop, und Justin (cursorisch), III Ciceros briefe (stat.), Phaedrus, Sulpicius Severus, Caesar, Florus (curs.), prosodie, scansion und einrichtung von versus turbati, syntaxis ordinaria, II ausgewählte reden Ciceros oder officia und Plinius' briefe (stat.), Sallust, Curtius, neuere scribenten: Muretus, Cunaeus, Maioragius (curs.), Freyeri fasciculus poematum latinorum, syntaxis ornata, latinismen und germanismen, I andere schriften Ciceros, übungen in lat. stilistik und lat. reden, Vergil, Horaz, imitationen, Livius, Tacitus oder christliche autoren: Lactantius, Minucius Felix (curs.); h e b r ä i s c h 3 st.: nach Danz' grammatik; f r a n z ö s i s c h 2 st.; a n l e i t u n g z u r p h i l o s o p h i e 3 st.: III hist. einleitung in die philosophie, II logik und metaphysik, I physik und ius naturae; m a t h e m a t i k 2 st.: III hist. einleitung in die mathematik, II mathesis pura, I mathesis applicata nach Wolfs anfangsgründen der mathematischen wissenschaften; mit den zur mathematik noch nicht fähigen schülern wurde eine zeitungsstunde gehalten, dabei übungen im deutschen lesen, das nötigste aus der genealogie der regierenden häuser, der heraldik; d e u t s c h e o r a t o r i e 2 st.: IV orthographie, grundsätze der deutschen sprache, III periodologie, anweisung zur abfassung kleiner briefe, erzählungen, complimente und gespräche, II rest der epistolographie, anweisung zum anfertigen von reden, I vervollständigung des vorigen pensums; g e s c h i c h t e u n d g e o g r a p h i e 4 st.: IV geschichtstafeln, belehrung über den globus, Europa nach Schatz, III hauptbegebenheiten der geschichte Deutschlands, II universalgeschichte und gesamte geographie nach Zopf und Schatz, I kirchen- und gelehrtengeschichte; a n t i - q u i t ä t e n 2 st.: römische, griechische und hebräische antiquitäten; für die jüngeren schüler rechnen. die nichtgriechen wurden im französischen unterrichtet. zweimal wurde eine hora canonica erteilt, in welcher ein biblisches buch und die hauptsprüche der bibel in katechetischer weise durchgenommen wurden.

Im wesentlichen stimmt dieser lehrplan mit dem halleschen überein; im vordergrunde steht das latein; das griechische wird am neuen testament erlernt; auch die realien kommen in ausreichender weise zur geltung. wie in Halle so erscheint das classensystem

nicht in allen unterrichtsgegenständen; daneben besteht das fach-
system, so dasz z. b. die schüler im latein der I, in der mathematik
der III angehören konnten, eine einrichtung, die sich auch auf
anderen schulen bis in den anfang des 19n jahrb. erhalten hat.

Dasz die ausbildung in der lat. sprache das hauptziel ausmachte,
ersieht man aus dem noch erhaltenen schulhefte Wielands aus dem
sommer 1748.[36] dasselbe enthält 16 wochenarbeiten, die meist aus
einem lateinischen aufsatz und einer übersetzung oder paraphrase
aus dem lateinischen bestehen. die lateinischen aufsätze behandeln
in der regel selbstgewählte themata aus verschiedenen gebieten, wie :
quae de inferiorum poenae terminis sentit Moshemius (2), quae vera
sit virtus ex exemplo Herculis (2), de ratione rite instituendae lec-
tionis auctoris cuiusvis (2), contemplationes et meditationes de
magnitudine et excellentia dei (2), meditationes specialiores de naturae operibus (2), quaenam sit bestiarum ad hominem relatio (eine
beschreibung des klosterbergischen naturaliencabinets), de agricul-
turae ratione fructu et amoenitate (3), de animorum immortalitate,
num ii scepticorum quos Pyrrhonicos adpellant stultorum titulum
mereant, endlich atheum, nisi practicus sit, tollendum e re publica
non esse. prosaische übersetzungen wurden aus Horaz sat. 6, ars
poetica, Livius 24, c. 38. 31, c. 7, Cic. de nat. deor. 2, c. 49. 52 gegeben. in verse sind zwei dichterstellen aus Cic. de nat. deor. 2, 41.
42 gebracht; diese werden wohl die ältesten erhaltenen Wieland-
schen verse sein mit ausnahme der von Gruber[37] citierten:

> Fromme kinder, die gern beten,
> müssen vor den herren treten.

Die arbeiten sind von dem lehrer Christoph Hennecke durch-
gesehen worden, der an vielen stellen eine antwort auf gestellte fragen verlangte. auf diese weise entstanden correspondenzen zwischen
lehrer und schüler, welche nicht ohne interesse sind. es bedarf keines
beweises, dasz das Wielandsche schulheft auch für die beurteilung
des wissenschaftlichen standpunktes der schule lehrreich ist. aus
den übersetzungen läszt sich der umfang der schullectüre, aus den
aufsätzen der kreis der schriftsteller erkennen, mit denen sich der
15jährige verfasser beschäftigte. Wielands latein ist wohl gewandt,
aber nicht gerade correct. aber auch sein lehrer Hennecke schrieb
nicht gerade classisches latein, wie seine randbemerkungen beweisen.
er ist es, den Wieland später in einem gespräche mit Böttiger einen
eingefleischten pedanten nennt, der ihm durch die albernste methode
das griechische so verleidet habe, dasz er das studium dieser sprache
damals ganz aufgab; dagegen habe er recht gut lateinisch sprechen
und schreiben gelernt.

Den charakter der gelehrtenschule prägen der klosterberge-

---

[36] angezeigt von R. Hoche in n. jahrb. f. phil. u. päd. 1863 abt. 2,
s. 253 ff., dann herausgegeben mit einem facsimile von demselben. Wesel
1865. 24 s. 4.
[37] Wielands leben 1, 16.

schen anstalt die halbjährlichen programme auf, die in der regel eine
lat. abhandlung des rectors enthalten. wir lernen dabei zugleich die
rectoren der anstalt kennen. wie Steinmetz in der wahl seiner lehrer
sehr vorsichtig war, so machte er auch nur die tüchtigsten lehrer zu
rectoren des pädagogiums. in der regel waren die lehrer solche, die
bereits einige jahre am halleschen waisenhause sich praktisch geübt
hatten. Francke pflegte die studierenden schon frühzeitig für den
unterricht in seinen anstalten zu verwenden und gab ihnen kost und
wohnung. so bildete das hallesche waisenhaus fast das ganze jahr-
hundert hindurch das seminarium von lehrern für die gymnasialen
anstalten des preuszischen staates.

Der erste rector, den Steinmetz anstellte, war Christian
Friedr. Hertel, der von 1733—1737 die schule leitete. er wurde
1737 rector der Johannisschule in Halberstadt, 1740 rector des
Martineums daselbst und 1742 pastor an der h. geistkirche. ihm
folgte 1737 Stephan Carl Sibeth, von dem drei programme bekannt sind: 'de scholis gloriae divinae et felicitati publicae resti-
tuendis' (22 s. 4), 'ob man mit einiger wahrscheinlichkeit darthun
kann, dasz die beiden blutzeugen und ersten lehrer des evangeliums
in Preuszen Adalbertus und Bruno in der klosterbergeschen schule
erzogen worden' (24 s. 4) und 'singularia quaedam curae divinae de
Bergensibus documenta' (24 s. 4). sein nachfolger Michael Verlautz, der schon als collega paedagogii zur osterprüfung 1741 mit der
abhandlung 'de negligentia sacrarum linguarum damnosa' (20 s. 4)
eingeladen hatte, verfaszte als rector 3 programme 'de eruditis augustis-
simis' (1741—1743). mit ausnahme des osterprogrammes von 1746,
das der conventual und collega Christian Gottfr. Struensee schrieb
('prüfung einiger erklärungen und beweise der neuen metaphysik'
24 s. 4), sind die programme von 1744—1749 sämtlich vom klosterprediger nnd inspector paedagogii Joh. Friedr. Hähn verfaszt
worden. die abhandlung vom 6 april 1744 bezieht sich auf die so-
genannte litteralmethode, als deren schöpfer er in der geschichte
der pädagogik genannt wird, nemlich 'de systemate quodam schola-
stico conficiendo' (20 s. 4); in der vom 5 oct. 1744 besprach er die
'einrichtung nützlicher schulen für die zarteste jugend'; zur friedensfeier am 8 februar 1746 schrieb er über 'einige unerkannten wohl-
thaten, welche gott den unterthanen durch die obrigkeit erzeiget';
dann gab er (3 oct. 1746) einen 'grundrisz einer kirchenhistorie des
alten testaments für niedrige schulen', sprach seine gedanken darüber aus, 'wie dem künftigen verfall der mathematik durch ein neu
und wohl eingerichtetes schulbuch vorzubeugen sei' (26 sept. 1747
und 23 april 1748), empfahl die naturlehre als unterrichtsgegenstand
(17 april 1749) und schrieb auszerdem noch zwei lateinische abhandlungen über das extemporieren ('num consultum sit auctores classicos
sine praevia ad eosdem praeparatione legendos tironibus proponere'
24 s. 23 april 1747) und über lat. syntax ('observationes practicae
in syntaxin latinam tironibus rite tradendam' 8 oct. 1749). wir

werden Hähn, der nach Steinmetz' tod an die spitze der anstalt gestellt wurde, noch genauer kennen lernen; er war 1736 von Steinmetz als lehrer und 1743 in die oben genannte stellung berufen
worden, in welcher er wie es scheint gleichzeitig die rectorgeschäfte
versah, denn wir können einen rector in den jahren 1744—1749
nicht namhaft machen. aus den verschiedenartigen stoffen, mit denen
sich seine abhandlungen beschäftigen, ersieht man, dasz Hähn nicht
blosz die theologischen wissenschaften zu seinem hauptstudium gemacht hatte, sondern auch die anderen unterrichtsfächer kannte,
namentlich aber in den realfächern hervorragende kenntnisse besasz.
von 1750 an übernahm wieder der rector des pädagogiums, damals
Christian Knapp, der schon seit 1744 als lehrer angestellt war,
die abfassung der abhandlung; es liegen uns deren 17 vor, die bis
zum jahre 1760 reichen. wir nennen nur das zur säcularfeier des
Augsburger religionsfriedens (30 sept. 1755) verfaszte programm:
'evangelicae religionis historiam populo christiano diligentius ex-
ponendam esse.' Knapp folgte im rectorate Christian Friedrich
Jonä, der noch unter Steinmetz' amtsführung das osterprogramm
1761 schrieb mit der abhandlung 'de philosophia in scholis caute
docenda' (23 s. 4).

Knapp war ein bruder des halleschen professors Joh. Georg
Knapp, ein mann, der nach Köpkens urteil gute philologische kenntnisse mit einem schönen anstande vereinigte und in groszem ansehen
stand. Köpken schildert in seiner selbstbiographie seine schuljahre
in kloster Berge ziemlich ausführlich. er spricht seine freude darüber aus, dasz ihm gelegenheit gegeben worden sei sich in der französischen sprache zu vervollkommnen. er nennt die französischen
sprachlehrer Dubois, Veron und Duvernois, die nach einander seine
lehrer waren; er nennt als vorzügliche lehrer die beiden Silberschlag,
die in den mathematischen und physikalischen fächern professor-
mäsziges wissen besaszen, den lehrer Wendel, der in den schönen
wissenschaften sehr gut unterichtete und ein vorzügliches talent im
declamieren besasz, endlich noch den lehrer Justus Friedr. Erdmann
Fabricius, der auszer vermischten gedichten (Halle 1754) ein mora-
lisches gedicht über den frieden (Magd. 1762) verfaszte.[36] Köpken
erkennt es dankbar an, dasz er im kloster Berge den grund zu seiner
ganzen nachmaligen bildung gelegt habe; er habe die schulwissen-
schaften lieb gewinnen lernen, eine neigung, die auf sein ganzes
leben einflusz gehabt habe; er habe geschmack an den lateinischen
autoren gefunden, Ovids tristien und Vergils Aeneis gern gelesen,
aber den Horaz, den er nicht gelesen, habe er erst für sich studiert
und ihn in der folge so liebgewonnen, dasz er sein beständiger be-

---

[36] Adelung über den deutschen stil (Leipzig 1790) 2, 315 urteilte
über Fabricius' dichterische leistungen sehr anerkennend. 'nur wenig
dichter haben die stärke von gedanken und den reichtum von bildern
mit der richtigkeit, würde und präcision sowohl in der darstellung als
in dem ausdruck so genau zu verbinden gewust als er.'

gleiter auf seinen reisen wurde. auch mathematik, physik und etwas philosophie habe er zu studieren angefangen. Köpken bedauert aber, dasz er das griechische aufgegeben habe; das sei ihm in der folge hundertmal leid geworden; er habe dafür 3 stunden französisch genommen und sich in der italienischen sprache ausgebildet. über Wendel und Fabricius äuszert er sich: 'in den oratorischen stunden des herrn Wendel lernte ich Haller, Dusch, Young in der Ebertschen übersetzung, Cramers und Schlegels gedichte, Rabeners und anderer aufsätze in den bremischen beiträgen, sowie Gellerts sämtliche schriften kennen. oft gieng Wendel mit seiner classe in eine schöne gegend, wo wir uns an einem hügel um ihn lagerten und er uns wie Apoll lehrte. hier machte er uns auf die schönen schilderungen der natur aufmerksam und verwandelte den unterricht in anschauen und leben. der dichter Fabricius war der erste, der den reiferen schülern der ersten classe zuerst Elias Schlegels trauerspiele vorlas. theatralische stücke hätte man im kloster Berge nie öffentlich vorzutragen gewagt. Fabricius that es mit einer schönen anrede, worin er uns als männer und freunde behandelte, den richtigen gesichtspunkt zeigte, uns aber doch zur verschwiegenheit aufforderte, damit er aus misverstand von schwachen darüber nicht angezapft würde. dies gab uns einen gewissen stolz und gewann uns umsomehr für die schönen geister, die so dachten und so schrieben. kein wunder, dasz die liebe zu den schönen wissenschaften hier gepflanzt und genährt wurde. es bildeten sich männer, die durch sie auch in ernsten wissenschaften glänzten.'

Während Köpken seiner freude über das in kloster Berge gepflegte studium der schönen litteratur ausdruck gibt, beklagt er sich darüber, dasz er das studium der geschichte und geographie versäumt habe. beide fächer wurden zwar gelehrt, aber entweder habe er infolge fehlerhafter methode oder aus mangel an interesse es nicht weit gebracht. 'mir schwärmten eine menge von namen und begebenheiten im kopfe, aber ich konnte sie nicht ordnen.'

Da die zunehmende frequenz eine erweiterung der lehranstalt nötig machte, so führte Steinmetz gröszere bauten aus. zugleich vermehrte er die freistellen und zeigte sich gegen bedürftige schüler sehr wohlwollend, indem er ihnen nicht nur die zahlung des kostgeldes erliesz, sondern auch einige aus eignen mitteln während ihrer schulzeit unterhielt. der schule schenkte er seine bibliothek. auch sonst unterstützte er gemeinnützige zwecke: so vermachte er den von den Russen geplünderten predigern in der Neumark zu einer büchercollecte sein rückständiges gehalt im betrage von 1063 thlr. er war wohlthätig bis zur äuszersten selbstlosigkeit.

Die mit der abtstelle verbundene generalsuperintendentur des herzogtums Magdeburg unterwarf seiner inspection zugleich das gesamte kirchen- und schulwesen eines ansehnlichen gebietes. auch in diesen ämtern entfaltete Steinmetz eine rühmenswerte thätigkeit, die sich besonders auf die organisation des volksschulwesens erstreckte. am 28 april 1735 machte er dem könige vorschläge zur verbesserung des schulwesens des herzogtums Magdeburg. da die vom könig getroffenen anordnungen nicht beachtet wurden, so wünschte er, dasz die im jahre 1718 ergangenen verordnungen [39] erneuert und deren bessere befolgung anbefohlen, besonders den gerichtsobrigkeiten engere grenzen in der bestellung der schullehrer gesetzt werden möchten. auszerdem bat er um die erlaubnis zur errichtung eines seminars zur ausbildung von landschullehrern und zur anlegung einer armenschule in kloster Berge. in der vorstellung heiszt es: 'gott hat mir, wie sonst an andern orten, also auch schon in allbiesigem kloster die gnade verliehen, das darauf befindliche pädagogium in einen dem publicum nützlichen stand zu bringen; daher es auch nicht nur von landeskindern sondern auch von auswärtigen so zahlreich besucht worden, als es noch niemalen gewesen. ich stehe demnach in der guten hoffnung, der herr werde mir auch die barmherzigkeit schenken, das gesamte schulwesen in diesem herzogtum vermittelst dero allergnädigsten verordnung dergestalt einzurichten, damit das allgemeine beste dadurch befördert werde.' [40]

In den der vorstellung beigefügten beilagen führt Steinmetz eine reihe von mängeln auf, die er in den schulen seines amtsbezirks wahrgenommen hat, nemlich unwissenheit der lehrer und schüler, mangel an pflichterfüllung, an leichterer und begreiflicher information, einführung ungeschickter bücher. hierbei führt er die thatsache an, dasz sich an manchen orten die armen leute unpassende katechismen ihrer pastoren abschreiben müssen, und bemerkt dasz er in einem solchen katechismus unter vielem absurden auch die frage angetroffen habe: ist es auch nötig beichtgeld zu zahlen? antwort: ja! denn dieses ist die erste frucht des neuen gehorsams. er führt sodann in der zweiten beilage die quellen und ursachen dieser mängel an und betont namentlich die notwendigkeit der einrichtung von vorbereitungsanstalten für lehrer, in welchen eine richtige schulmethode gelehrt werde, da jetzt jeder seine information nach gutdünken anstelle und für gut halte. zuletzt gibt er die mittel zur abhilfe der gerügten mängel an und dringt besonders auf die einführung von büchern, nemlich eines lesebuches mit einem katechismus, eines gesangbuches, der bibel und eines buches, 'darin zusammengefaszt wird, was einem jeden menschen im gemeinen leben zu wissen nötig sei.'

Schon am 21 juni 1735 wurden die vorschläge betreffs der errichtung eines landschullehrer-seminars genehmigt und Steinmetz

---

[39] Steinmetz meint wohl die 'königlich preuszische evangelisch-reformierte inspections-presbyterial-classical-gymnasien- und schulordnung' vom 27 october 1713 (corpus constitutionum Marchicarum 1, 1 s. 447), denn die unterm 30 september 1718 erlassene verordnung bezog sich auf die studierende jugend auf schulen und universitäten (Rönne das unterrichtswesen des preusz. staates 1, 61).

[40] acten des geh. staatsarchivs in Berlin.

zum director desselben ernannt. die einkünfte des seminars, das
bis zur aufhebung des pädagogiums bestanden und eine überaus
segensreiche wirksamkeit entfaltet hat, flossen aus den jährlichen
beiträgen der königlichen patronatskirchen, von denen die mater
1 thlr., die filia 12 gr. zu zahlen hatte, und den zahlungen der
seminaristen für unterricht, wohnung, feuerung und kost im betrage
von je 100 thlrn. die lehrstunden wurden einigen lehrern des pädagogiums gegen remuneration aufgetragen und der klosterprediger
erhielt die inspection über dasselbe. in der folge war das seminar
in der regel von 10—20 zöglingen besucht.

Zur errichtung einer armenschule zu Magdeburg auf eigne
kosten wurde dem abte Steinmetz durch verfügung vom 7 september
1737 trotz der warmen fürsprache des präsidenten v. Reichenbach
die erlaubnis verweigert, obwohl er geltend gemacht hatte, dasz
diese schule zugleich als übungsschule für die seminaristen betrachtet
werden solle. Steinmetz hielt jedoch an seinem plane fest und errichtete im jahre 1750 mit der unterstützung wohlthätiger personen
aus eignen mitteln eine freischule für 100 arme bürgerkinder in
Magdeburg. zu diesem zwecke kaufte er ein haus, richtete eine
schule ein, stellte einen lehrer an und gab diesem als gehilfen einen
seminaristen. der schullehrer erhielt freie wohnung im hause und
8 klaftern brennholz aus den vorräten des klosters, auszerdem wurde
zu seinem unterhalte und zur beköstigung des gehilfen das schulgeld
für den unterricht der kinder wohlhabender eltern, die ihre kinder
gern zu dieser schule schickten, überlassen. der gehilfe erhielt aus
der armenkasse des klosters eine beihilfe von 30 thlrn. und erlangte
nach bewiesener treue die aussicht auf beförderung in eine vom
kloster zu besetzende dorfschullehrerstelle.

Der hochverdiente abt Steinmetz starb am 10 juli 1762. der
klosterprediger Conrad Wilhelm Stisser hielt ihm die leichenrede. er
hinterliesz seinem nachfolger eine blühende anstalt, die das vertrauen
des königs, der behörden und des publicums genosz. 'auch jetzt noch,
schreibt der klosterprediger Rathmann im jahre 1790, lange nach
seinem tode, lebt das hochachtungsvolle andenken an diesen würdigen
mann in den herzen aller derer, die unter seiner väterlichen aufsicht und leitung den grund dazu legten das zu werden, was sie
jetzt in wichtigen ämtern und verbindungen sind. seine verdienste
werden auch hoffentlich so bald nicht in vergessenheit geraten.'[41]

III. Das pädagogium in seinem niedergange unter Hähn, Frommann, Resewitz und Schewe bis zu seiner aufhebung (1762—1810).

Obwohl die letzten lebensjahre des abtes Steinmetz[42] durch die
unruhen des siebenjährigen krieges getrübt waren und die frequenz

---

[41] deutsche monatsschrift 1790. 2, 374.
[42] ein ehemaliger schüler von kloster Berge unter Steinmetz, der
consistorialrat und professor der theologie an der universität Frankfurt

der schule infolge der kriegszeiten abgenommen hatte, so hinterliesz
er seinem nachfolger doch noch eine anzahl von 90 zöglingen. aber
sehr bald nahm die frequenz ab und gieng bis auf 22 schüler herab.
Der neue abt, Johann Friedrich Hähn[43], dessen wahl Steinmetz selbst noch kurz vor seinem tode dringend gewünscht hatte,
wurde bereits am 15 juli 1762 durch den könig Friedrich II, der
sich damals im hauptquartier Seidendorf in Schlesien befand, in
seinem amte bestätigt; die bestallung datiert vom 26 juli und am
8 october fand seine einführung statt. Hähn war, als er die einflusz-
reiche stelle antrat, 51 jahr alt (er war am 16 august 1710 zu Bayreuth geboren); er kannte die klosterbergischen verhältnisse aus

a. O. Gotthelf Samuel Steinbart äuszert sich in der vorrede zu seinem
'system der reinen philosophie oder glückseligkeitslehre des christen-
tums' (Züllichau 1778. s. IV) dahin, dasz damals noch der mystische
lehrton in den öffentlichen religionsvorträgen geherscht habe und dasz
die schüler in den theologischen classen nach Baumgartens dogmatik
und polemik begriffe kunstmäszig hätten spalten lernen. während er
so den religionsunterricht in kloster Berge tadelt, redet er von den vortrefflichen anweisungen, welche er in der mathematik, physik, philosophie und den schönen wissenschaften erhalten habe, und rühmt, dasz
sie ihm einen wahren geschmack am studieren und an der lectüre bei-
gebracht hätten. 'ich ward, sagt er weiter, in die gesellschaft einiger
der geschicktesten pädagogisten aufgenommen, welche insgeheim eine
auserlesene bibliothek verbotener bücher in einer krankenstube, deren
schwächlicher bewohner der haupteigentümer derselben war, verborgen
hielten. hier las ich unter andern auch die schriften des philosophen
von Ferney nach und nach mit immer gröszerm beifall. ich ward ein
theoretischer freigeist, behielt aber dabei die mir durch meine erziehung
habituell gewordene ehrfurcht gegen gott und gegen die stimme meines
gewissens bei ... der ehrwürdige Steinmetz, welchen ich nie ohne dankbare hochachtung nennen werde, hatte meinem vater die pension für
mich zur hälfte erlassen und mich dagegen unter diejenigen aufgenommen,
welche ihm in den abendstunden wöchentlich einmal vorlesen musten.
aber selten liesz er mich vorlesen, sondern er wandte die dazu ausgesetzte
stunde gröstenteils dazu an, mich über das schulwesen überhaupt und
insonderheit über die pflichten und klugheitsregeln bei der direction
einer öffentlichen anstalt zu unterrichten. diesem groszen und erfahrenen
schulmann habe ich die ersten erweckungen zu dem allgemeinen vor-
satz, mich den erziehungsgeschäften überhaupt und ins grosze zu widmen,
zu verdanken.' ostern 1756 bezog Steinbart die universität Halle. —
Zu ostern 1752 verliesz die anstalt der abiturient Christoph Georg
Friedrich von Bismarck, welcher bei dem am 11 april 1752 veranstal-
teten festact eine französische rede über den einflusz der geschichte
auf die geistige und sittliche bildung der jugend hielt. die in dem
programm des rectors Knapp gegebene ankündigung lautet: 'Christoph.
Georg. Frid. de Bismarck, eques Palaeomarch., intellectum et voluntatem
adolescentum historiae ope in scholis emendari debere perhibebit gallice.'
— König Friedrich II war dem abte Steinmetz überaus wohlwollend
zugeneigt. er bewies einst sein ehrenvolles zutrauen dadurch, dasz er
einen jungen edelmann, dessen vormund er sein wollte, weil der vater
ihm freund gewesen, dem kloster übergab und von zeit zu zeit über
sitten und fortschritte des zöglings sich bericht erstatten liesz.
[43] allg. deutsche biographie 10, 373, wo nachzutragen ist, dasz Hähn
bereits 1736 als lehrer zu kloster Berge eintrat.

eigner anschauung, denn er war schon 1736 infolge der berufung des abtes Steinmetz, der ihn als jungen lehrer des halleschen waisenhauses kennen gelernt hatte, als lehrer zu kloster Berge eingetreten." den aufgaben seines berufes widmete er sich mit so groszem eifer, dasz ihn Steinmetz 1743 zum klosterprediger und inspector des pädagogiums ernannte. zugleich war ihm die leitung des mit dem kloster verbundenen schullehrerseminars anvertraut, und hier machte Hähn seine praktischen versuche mit der schon erwähnten litteralmethode, die er von 1749 an als lehrer an der von Hecker zwei jahr vorher gegründeten realschule in Berlin, wohin er zunächst als feldprediger der gendarmen berufen war, systematisch ausbildete. seine vortreffliche unterrichtsgabe erwarb ihm die achtung der vornehmsten familien, und selbst am hofe schätzte man ihn. er wurde daher berufen, den damals fünfjährigen prinzen Friedrich Wilhelm, den nachfolger Friedrichs des groszen, der eine schwere und undeutliche sprache hatte, das lesen zu lehren. mit hilfe mehrerer von ihm ersonnener künstlicher mittel, zu denen bilder auf papier, modelle u. a. gehörten, erreichte er seinen zweck in kurzer zeit und bahnte sich den weg zu weiterer beförderung. im mai 1753 übernahm er die inspection der realschule in Berlin, die sich des besonderen schutzes des königs zu erfreuen hatte, und wurde zugleich neben dem oberconsistorialrat Hecker pfarrer an der Dreifaltigkeitskirche. durch die bekehrung des obersten v. Bardeleben erregte er die aufmerksamkeit des königs, der von ihm äuszerte, wenn alle seine feldprediger heuchler seien, so sei wohl Hähn der einzige, der das von herzen glaube, was er lehre. die von ihm erfundene tabellarisch-mnemonische methode, welche er in seiner 'ausführlichen abhandlung der litteralmethode' beschrieb, wurde so hoch geschätzt, dasz der generaldirector des österreichischen schulwesens abt Felbiger gelegenheit nahm, Hähn in Berlin aufzusuchen, und als er sich von der hohen bedeutung derselben überzeugt hatte, sie in Österreich einführte. 1759 wurde Hähn in die general-superintendentur der Altmark und Priegnitz befördert, womit die erste dompredigerstelle zu Stendal verbunden war. von da kam er in die abtstelle zu kloster Berge und erhielt zugleich den titel eines consistorialrats und general-superintendenten des herzogtums Magdeburg.

Ein jahr nach dem antritt seines neuen amtes (1763) veröffentlichte Hähn eine 'ausführliche nachricht von der gegenwärtigen einrichtung des paedagogii zu kloster Berge, worin die daselbst eingeführten lectionen und lehrarten umständlicher beschrieben werden' (Magdeburg u. Leipzig 1763. 162 s. 8), nicht nur um den vielen

---

44 die fühlung mit dem halleschen waisenhause behielt Hähn und wohnte zuweilen den halleschen conferenzen bei. aus den protokollen der conferenz des jahres 1742 (mitgeteilt von Tholuck gesch. des rationalismus 1, 38), in welcher die frage behandelt wurde: wie neigt man die kinderherzen zur gottseligkeit? erhellt Hähns standpunkt und damit zugleich der des klosters Berge in der religiösen pädagogik.

an ihn gerichteten anfragen über die einrichtung des pädagogiums
zu begegnen und zugleich einen normallehrplan aufzustellen, sondern
um zugleich, wie er selbst sagt, den vielen ebenso lieblosen als un-
richtigen, auch der schule nachteiligen gerüchten, die man recht ge-
flissentlich aller orten zu verbreiten kein bedenken trage, etwas ent-
gegenzusetzen. diese gerüchte waren nicht unbegründet. Hähn galt
für einen pietisten, der nicht wie der ehrwürdige Steinmetz wahre
und echte frömmigkeit in die herzen seiner zöglinge einzupflanzen
suchte, sondern bei einem übertriebenen hange zu religiöser schwärmerei das ganze erziehungs- und unterrichtswesen des pädagogiums
mit hilfe religiöser erbauung durch fortwährende andachtsübungen
reformieren wollte. dieses offene herauskehren der religiösität trat
in allen seinen handlungen deutlich hervor und bereitete ihm viel
feindschaft. unter den von ihm bekanntgemachten bedingungen zur
aufnahme der schüler in das pädagogium kennzeichnet gleich die
erste den von Hähn vertretenen standpunkt. 'weil bei der klosterbergischen schulanstalt, so lautet sie, die absicht und bemühungen
hauptsächlich dahin gehen, die uns anvertraute jugend in der von
gott gesetzten ordnung der busze und des glaubens, zu der seligen
gemeinschaft mit gott, der quelle alles lichtes, alles lebens, aller
wahren und ewigen seligkeit zu bringen und ihnen auf solche art
zur wahren seligkeit beförderlich zu sein, welche zu allen dingen
nütze ist und die verheiszung hat dieses und des zukünftigen lebens,
so kann kein schüler geduldet werden, der sich als einen frevent-
lichen und beharrlichen verächter gottes, unseres heilandes, des göttlichen wortes und der heiligen sacramente zu zeigen erkühnen will.'
der von ihm aufgestellte lehrplan konnte nur dann in rechter weise
durchgeführt werden, wenn die behandlung aller unterrichtsfächer
in pietistischem sinne stattfand. so wurde die griechische sprache
am neuen testament erlernt, aber es trat nicht das sprachliche moment
in den vordergrund, sondern es kam auch das erbauliche hinzu und
weil der lehrer es hier, so heiszt es in Hähns lehrplan, mit gottes
wort zu thun hat und sonderlich mit so vielen geistreichen reden
Jesu, so nimmt er dabei die gelegenheit wahr, der jugend mit diesem
worte des lebens an das herz zu dringen und ihr manche nötige selig-
machende wahrheit tief in das gemüt zu prägen. daher verlangt
Hähn vom lehrer ausdrücklich, nicht nur dasz er der sprache mächtig
ist, sich wohl vorbereitet, das N. T. als gottes wort ansieht, sondern
auch sich ein groszes masz von dem geiste, der das wort gegeben,
ausbittet, hunger und verlangen nach der scholaren heil und seligkeit besitzt und keine gelegenheit vorbeiläszt, aus dem N. T. die
philologie mit der rechten christologie zu würzen. dabei lernte der
schüler in den 3 griechischen classen fast das ganze N. T. kennen,
und nur in der ersten classe wurde neben dem N. T. noch Gesners
chrestomathia graeca mit abschnitten aus Demosthenes, Herodot und
Xenophon gelesen. künftig sollte aber auch die septuaginta, und
zwar zuerst die historischen bücher, dann der pentateuch, die pro-

pheten und zuletzt die hagiographa gelesen werden. in der 5n lateinischen classe war auszer dem vestibulum des Muzelius ein buch eingeführt, welches unter dem titel 'die allgemeine erkenntnis von gott,
dem menschen und der welt' in deutscher, lat. und franz. sprache
kurzgefaszte tabellen gab, so dasz 'die vielheit, ordnung und verschiedenheit der vornehmsten dabei vorkommenden sachen gleichsam
mit éinem blick übersehen werden konnte'. dasselbe wurde auch im
franz. unterricht benutzt ('la connaissance universelle de dieu, de
l'homme et du monde'). daneben wurden in der 5n lat. classe noch
die pericopae evangelicae et epistolicae nach der übersetzung des
Castellio behandelt. zur cursorischen lectüre war Nepos gewählt.
der lehrplan der übrigen lat. classen weist nichts abweichendes auf.
in III war Gesneri chrestomathia Ciceroniana und Freyeri fasciculus
poem. lat. im hebräischen war das pensum sehr weitgreifend: in I
wurden die kleinen und groszen propheten nebst den hagiographa
gelesen. die 3e französ. classe las le nouveau testament in der übersetzung von Martin, Olivet pensées de Cicéron und Nepos par Dacier.
in der geschichte behandelte IV die universalhistorie des N. T.

So suchte Hähn es dahin zu bringen, dasz alle unterrichtsgegenstände im lichte des evangeliums behandelt wurden und dasz die
schule lauter fromme und vom göttlichen geiste erfüllte zöglinge
heranbildete. so löblich dies streben an und für sich war, so trug
es doch den keim zu dem verfall der blühenden anstalt in sich. dazu
kam noch eigensinn, herschsucht und übertriebene strenge des abtes,
wodurch er sehr bald die unzufriedenheit der lehrer und schüler erregte. infolge dessen fand nicht nur ein ununterbrochener lehrerwechsel statt, sondern es verminderte sich auch die schülerzahl,
umsomehr als der abt aus ökonomischen rücksichten und maszloser
sparsamkeit alle freistellen einzog, die Steinmetz über die bestimmte
zahl von zwölf gestiftet hatte.

Es ist möglich, dasz die unzeitige sparsamkeit den abt Hähn
veranlaszte, die feier des 200jährigen bestehens der klosterschule im
jahre 1765 zu übergehen; es ist wenigstens nichts über eine derartige feier bekannt geworden und weder das zu ostern 1765 erschienene programm, welches eine abhandlung des rectors Christian
Friedrich Jonä 'über den nutzen der wissenschaften' (16 s. 4) enthält, noch das zur feier der vermählung des prinzen Friedrich Wilhelm von Preuszen mit der prinzessin Elisabeth von Braunschweig
erschienene einladungsprogramm vom 16 juli 1765 erwähnt die
säcularfeier des klosters. dagegen erhielt die schule einen darauf
bezüglichen glückwunsch von dem professor am akademischen gymnasium zu Stettin Joh. Karl Conrad Oelrichs, der zugleich die gymnasien zu Halle und Görlitz zur feier ihres 200jährigen bestehens in
folgender jubelschrift beglückwünschte: 'dissertatio historica-iuridica
de servis iuris peritis atque magistratibus apud Romanos, trigae
gymnasiorum florentissimorum Halensi Gorlicensi et Bergensi prope
Magdeburgum iubilaeum secundum A. AE. C. [anno aetatis christi-

anae] MDCCLXV celebrantium cum voto perpetui floris gloriaeque
perennis dicata.' Palaeo-Stett. 1765. 4.[45] die widmung selbst trägt
die überschrift: 'gymnasiorum florentissimorum Halensis, Gorlicensis
et Bergensis prope Magdeburgum rectoribus celeberrimis ceterisque
doctoribus clarissimis fautoribus omni quo par est honoris cultu pro-
sequendis. dabam Palaeo-Stetini XVIII Cal. Quinctil. A. AE. C.
MDCCLXV.' (8 s. 4.) das Görlitzer gymnasium war am 22 juni
1565, das hallesche stadtgymnasium am 17 august 1565 gestiftet
worden.[46]

Zweimal veranstaltete Hähn öffentliche redeacte aus anlasz eines
patriotischen festes: das erste mal ostern 1763 zur friedensfeier,
wozu der rector Jonä mit einer abhandlung 'betrachtungen über die
ordentliche und gewöhnliche art, der sich die göttliche vorsehung
bedient, den erfolg menschlicher handlungen zu bestimmen' (28 s. 4.)
einlud, das zweite mal zu der schon erwähnten vermählungsfeier des
prinzen Friedrich Wilhelm von Preuszen am 16 juli 1765. zu diesem
actus, bei welchem 9 redner auftraten, hatte Hähn eine glänzende
decoration des schulsaales veranstaltet. auf der rednerbühne war
eine pyramide aufgestellt. auf dieser befand sich ein adler mit der
inschrift: 'spes gentis. des adlers froher blick verspricht das schönste
glück.' oben zeigte sich der geschlungene von einer sonne bestrahlte
name der hohen vermählten mit der inschrift: 'deus providebit stipu-
lationi et restipulationi. die vorsicht wacht, sie schuf zur angenehmen
stunde die botschaft von Berlins und Braunschweigs hohem bunde.'
zu beiden seiten standen die wappen des preuszischen und braunschweigischen hauses, welche von zwei händen gehalten wurden, mit
der überschrift: 'vincta iugalia nectunt. dies segensreiche band ent-
zückt das treue land.' unten sah man einen mit festons gezierten
altar und auf demselben zwei brennende, mit einem myrtenkranz um-
wundene herzen, deren flammen zusammenschlugen, mit der überschrift: 'vis unita fortior. hier schlagen zwiefach starke flammen
zum glanz des preuszischen throns zusammen.' unten im gesims
der pyramide standen die worte 'foedus ter faustum deus esse velit
iubeatque. aus der vermählten wohlergehen, herr, lasz uns deine
güte sehen.'

[45] sie befindet sich auch in mag. F. C. Baumeister, sammlung der
jubelschriften zum andenken des 200jährigen stiftungstages des gymnasiums zu Görlitz. Görl. 1765. 4. unter denjenigen schriften, welche
von gönnern, freunden und scholaren abgefaszt sind.
    [46] zur 100jährigen jubelfeier des halleschen stadtgymnasiums ver-
öffentlichte der superintendent Gottfried Olearius eine festschrift:
'christliche schul-freude oder schul-jubel-fest, wegen glücklicher einführung und hundertjähriger erhaltung des gymnasii oder der stadtschulen
zu Halle in Sachsen, auf e. e. hochweisen rats daselbst verordnung hoch-
feyerlich gehalten den 17 august im jahre Christi 1665 und auf begehren
kürzlich beschrieben und zusammengetragen durch Godofredum Olearium,
d. superintendenten' usw. daselbst. Rudolstadt 1665. 4. das festgedicht
des Hans Kolb zur eröffnung der halleschen schule v. j. 1565 s. archiv
für litteraturgesch. 13, 182—185.

Von 1763 an bis 1765 überliesz Hähn dem rector Jonä die abfassung der wissenschaftlichen beilage des programms, mit welchem zu den öffentlichen redeacten eingeladen wurde. zu mich. 1763 schrieb Jonä über die frage: 'inwiefern die heutigen witzigen schriften von jungen leuten zu lesen sind' (16 s. 4.), ostern 1764 'über den wert der erdichtungen in moralischen sachen' (22 s. 4.), mich. 1764 'de scientiae cupiditate multis modis peccante' (16 s. 4.) und zu ostern 1765 'über den nutzen der wissenschaften' (19 s. 4.). Jonäs abhandlungen gehören zu den besten arbeiten, die bis dahin aus dem lehrercollegium hervorgegangen waren; sie zeichnen sich durch klare gedankenentwicklung und ansprechende form aus und behandeln allgemein interessierende gegenstände; ja das michaelisprogramm von 1763 liefert sogar einen beachtenswerten beitrag zur geschichte der deutschen litteratur, indem die satirischen schriften jener zeit einer kritik unterworfen werden.

Von 1766 trat wieder der abt selbst als programmatarius des klosters auf; er glaubte, wie er während der verwaltung des geistlichen inspectorats zu den öffentlichen redeacten der schule mit einer abhandlung eingeladen hatte, auch als abt dieses amtes warten zu müssen. es mögen auch andere gründe ihn dazu veranlaszt haben: vielleicht inzwischen eingetretene differenzen mit dem rector Jonä oder die ansicht des abtes, dasz Jonäs abhandlungen wertlos seien; genug er übernahm die abfassung der programmabhandlung, aber er lieferte nicht mehr halbjährige programme, sondern beschränkte sich auf jährige, die er zu ostern erscheinen liesz. er verfaszte im ganzen fünf abhandlungen, welche von 1766—1770 herausgegeben wurden und die frage behandeln: 'cur tam multa consilia atque auxilia in emendanda re scholastica exspectationi minus responderint.' die seitenzahl bewegt sich zwischen 31 und 37 seiten. Hähn bemüht sich in dieser aus fünf teilen bestehenden ausführlichen schrift, die einen umfang von 172 seiten hat, den nachweis zu liefern, dasz die pädagogik die schwierigsten aufgaben zu lösen habe und dasz sie ein nie zu erschöpfendes gebiet bearbeite, in welchem theorie und praxis oft im grellsten widerspruche erscheinen. wer genau in die sache sieht, erkennt unschwer, dasz Hähn mit seinen abhandlungen nur eine selbstverteidigung gegen versteckte und offene, gegen sein eigenes pädagogisches system gerichtete anklagen beabsichtigte, die aber erfolglos blieb. denn die frequenz der schule hatte immer mehr abgenommen und in den öffentlichen redeacten, die Hähn sehr sorgfältig pflegte, trat fast der ganze cötus auf (zu ostern 1767 redeten 26 schüler; der ganze cötus bestand ostern 1768 aus 33 schülern). aber diese geringe frequenz entsprach gerade seinen wünschen; denn er sprach die überzeugung aus, dasz die früher starke schülerfrequenz der schule mehr zum ruin als zur aufnahme gedient habe, weil dieselbe nach und nach zur schola dissoluta geworden sei, woraus gemeiniglich scholae desolatae zu entstehen pflegten.

Zu ende des jahres 1766 oder anfang 1767 übernahm Ernst

Theodor Langer, der nachfolger Lessings in Wolfenbüttel, eine
stelle als hofmeister eines grafen Kochberg, der seine schulstudien
in kloster Berge machen sollte. obwohl der abt sich nur dann zur
aufnahme eines specialhofmeisters verstehen wollte, wenn Langer
sich dazu entschlieszen würde, durch übernahme einer öffentlichen
lehrstunde in die reihe der übrigen lehrer einzutreten, so stand Langer
doch nicht von der wahl jener schule ab, um in der nähe seines
pflegebefohlenen, der auf der reise gefährlich erkrankte, zu bleiben.
allein als er in die streitigkeiten Hähns mit einem beamten der anstalt, der bisher sein vertrauter gewesen war, ohne seinen willen
gezogen wurde, verleidete ihm dieser umstand den aufenthalt daselbst bald so gründlich, dasz er noch im jahre 1767 plötzlich seine
stellung aufgab, seinen zögling zurückliesz und nach Leipzig gieng.″

Im laufe der zeit waren die klagen über den verfall der einst
so blühenden anstalt so laut geworden, dasz auch des königs aufmerksamkeit rege gemacht wurde. die regierung wurde daher zunächst mit einer 'untersuchung des zustandes des schulseminars und
der groszen schule zu kloster Berge' beauftragt. infolge dessen wurde
der abt zur berichterstattung aufgefordert. Hähn kam dieser aufforderung nach, indem er in einem berichte vom 28 november 1768
seinem gepreszten herzen luft machte. er befolge, sagt er, diesen
allergnädigsten befehl um so freudiger, weil er hierunter die spuren
göttlicher regierung wahrnehme, vor dem throne des königs die
nach wahrheit und gewissen eingerichtete beschreibung des pädagogiums in der grösten submission zu füszen zu legen. 'ich bitte gott
nicht nur inbrünstig, dasz er bei dieser gelegenheit so manches un-
gleiche und weit verbreitete gerücht und urteil nach seinem ungrund
wolle entdeckt werden lassen, sondern auch durch seine herzens-
lenkende kraft ew. maj. gemüt dahin zu vermögen, höchstderselben
unschätzbare huld und gnade nicht blosz meiner ganz geringen person,
sondern dem ganzen stift und kloster Berge, besonders aber einer
schule zu schenken, auf welcher so manches vornehme und geringe
landeskind zu höchstderoselben guten diensten erzogen worden und
noch kann erzogen werden, auf welcher aber auch so viele ausländer
aus den entferntesten gegenden frequentiert haben und noch frequen-
tieren. der allerhöchste gott wolle dafür vergelter sein bis in jene
ewigkeit. mit tiefster devotion ersterbe euer königlichen majestät
allerunterthänigster diener und vorbitter Joh. Friedr. Hähn.'

In diesem berichte steht Hähn nicht an, die ursachen des verfalles der schule lediglich den unwahren gerüchten über ihre geringe
leistungsfähigkeit zuzuschreiben, durch welche eltern abgehalten
worden seien, ihre söhne der anstalt zuzuführen. als einst 23 schüler
aus weiter ferne, aus Wien, Amsterdam, Rotterdam, Kopenhagen,
Darmstadt, Sachsen, der Lausitz und aus Schlesien, angemeldet wurden, erschienen zum antritt nur 8, die anderen waren deshalb aus-

---

[47] zeitschrift des Harzvereins für gesch. u. altertumskunde 16, 5.

geblieben, weil die eltern infolge der umlaufenden gerüchte von ihrem entschlusse abgebracht waren. diese gerüchte waren von abgehenden lehrern und schülern verbreitet worden. 'so oft, sagt Hähn in seinem berichte, ein von eigenliebe ziemlich eingenommener präceptor, welcher eine stütze des pädagogiums gewesen zu sein glaubte, abgieng, auch so oft nur einige scholaren die schule verlieszen, die, obgleich sie nicht die besten waren, gleichwohl sich einbildeten, es wäre durch sie dem pädagogium zierde und flor verschafft worden, so oft wurden diese gerüchte erneuert und weiterverbreitet, das klosterbergische pädagogium sei ausgeleert, man könne nichts mehr darauf profitieren, es sei um dasselbe gethan ... ich stellte dieses alles gott anheim und bemühte mich mit den redlichen und geschickten lehrern, welche ich von zeit zu zeit bekam, im vertrauen göttlichen beistandes und segens nach dem entworfenen plane fortzuarbeiten und blieb des sinnes jenes alten und groszen schulmannes Johannes Sturm: mea refert non quam plurimos sed quam optimos habeam discipulos.'

Der lehrkörper bestand im jahre 1768 aus vier conventualen und sechs präceptoren; die stelle des rectors war unbesetzt, Jonä hatte eine rectorstelle in Aschersleben erhalten. Hähn lobt die amtsthätigkeit, den christlichen wandel und das gute einvernehmen der lehrer und sagt zuletzt: 'ich habe gott herzlich zu danken und mich glücklich zu schätzen, dasz er mir bei den jetzigen elenden zeiten, da gute und tüchtige lehrer in dergleichen anstalten sehr rar werden wollen, solche männer noch immer zugewiesen, mit denen man an der jugend etwas nutzbares ausrichten kann.' auch seinen 33 schülern erteilt er das beste zeugnis. 'ich habe nun bis jetzt, da ich dies schreibe, mit mehr als anderthalbtausend scholaren auf verschiedenen schulen zu thun gehabt und schmeichle mir von dem guten und bösen verhalten einer studierenden jugend einige einsicht erlangt zu haben, dasz ich davon ein urteil fällen könnte; ich musz aber bekennen, die jetzige mittelmäszige anzahl der scholaren ist mir so lieb und schätzbar als zu anderer zeit 100 und mehr scholaren.' übrigens habe es bisher doch nicht an scholaren so sehr gefehlt, wie manche vorgeben wollen. 'es haben mir angesehene personen und eltern von auswärtigen und entferntesten orten her noch immer in gutem vertrauen ihre kinder zugeschickt, dasz ich solche wie zu einer ungeheuchelten furcht gottes also auch zu einer gründlichen gelehrsamkeit und vorbereitung auf ihr künftiges leben anführen sollte.' auch seien die besten anstalten in immer gröszerer abnahme in ansehung der scholaren geraten; er habe sich niemals getraut weder von der groszen anzahl auf eine gute, noch von der geringen anzahl auf eine verdorbene schule einen sicheren schlusz zu machen. auch sei ein unterschied zwischen einem gymnasium in der stadt und einem pädagogium, wie das kloster Berge und das hallesche sei, da man die scholaren tag und nacht um sich habe und für ihr studium, conduite und alles sorgen müsse. in jenem könnte füglich

eine gröszere anzahl von schülern mit nutzen unterrichtet werden, in
diesem aber will es heutzutage mehr nach- als vorteilhaft werden, wenn
die zahl der schüler allzusehr steigt. zuletzt beklagt Hähn im allgemeinen den mangel tüchtiger und brauchbarer lehrer, welche sowohl
eine gründliche gelehrsamkeit als eine wahre gottesfurcht besitzen
und ihre schüler mit lehre und leben bessern können. er beruft sich
auf den ausspruch des berühmten Hermann von der Hardt: 'unus,
non bonus, ne dicam malus praeceptor uno anno, uno mense, uno
die magnum puerorum numerum perdit aut corrumpit totamque
familiam vel inscius pessumdat. qua via maxima rei publicae pars
pessumit vel neglegentia vel imperitia vel gravitate praeceptorum.'
ferner hofft Hähn, dasz die frequenz der anstalt sich wieder steigere,
wenn höheren orts dem publicum auf irgend eine art bekannt würde,
dasz se. majestät die einrichtungen dieser anstalt allergnädigster
approbation würdigten. bei dem vorhandensein einer guten bibliothek, einer naturalien- und maschinenkammer, eines mathematischen
und physikalischen apparates könne die jugend wie in sprachen und
wissenschaften, so auch in vielen anderen nötigen und nützlichen
sachen, als in der praktischen geometrie, mechanik und physik, in
der fortification und architektur, manigfache gelegenheit haben nach
theorie und praxis vieles zu erlernen, womit sie dereinst dem staate
ersprieszliche dienste leisten könnte. Hähn schliesz seinen ausführlichen bericht mit dem wunsche: 'maneat paedagogium Bergense
providentiae divinae eidemque specialissimae obnoxium et omnia tam
in gloriam divinam amplificandam quam in publicam salutem pro-
movendam prospere succedent.'

Für die in dem berichte erwähnten institute des pädagogiums
hatte Hähn in der ausgiebigsten weise gesorgt: die bibliothek war
um 500 bände vermehrt worden, die in der naturalienkammer befindliche sammlung von mineralien wies die stattliche zahl von 2000
nummern auf, in der maschinenkammer waren apparate für unterricht in der mathematik und physik und demgemäsz waren in den
lehrplan alle dahingehörigen technischen gegenstände, wie aus-
messung von grundstücken, fortification, civilbaukunst, mechanik
und maschinenwesen, aufgenommen. Hähn hatte an der realschule
zu Berlin die bedeutung der realen unterrichtsfächer kennen gelernt
und stützte sich auf die wertschätzung derselben seitens des königs,
der bei der errichtung der realschule in Berlin nicht undeutlich zu
erkennen gegeben habe, wie er lieber sehe, dasz 'in mehreren schulen der elende und unnütze wörterkram möchte eingepackt und dafür
mehrere realitäten zum allgemeinen besten der königlichen staaten
und des gemeinen wesens getrieben werden.'

Auf grund des von Hähn eingereichten berichtes vom 28 nov.
1768 hielt die königliche regierung am 3 dec. d. j. dem könig vortrag, worauf am 1 februar 1769 eine verfügung an die regierung
ergieng, die sich nur auf angelegenheiten des seminars bezog, dagegen die des pädagogiums völlig auszer acht liesz. auch eine von

dem consistorialrat Sucro und dem regierungsrat Reimers angestellte revision der anstalt ergab kein ungenügendes resultat. damit schien die gefahr, welche über Hähns schicksal gedroht hatte, beseitigt zu sein. allein oberst Lentulus, der in Schönebeck bei Magdeburg in garnison stand, aber sich häufig in der gesellschaft des königs befand, hatte diesem inzwischen weitere mitteilungen über den abt Hähn gemacht. schon früher hatte der könig durch ihn von dem langjährigen processe Hähns mit dem pastor Pilarik in Redekin erfahren, der dadurch veranlaszt war, dasz Hähn die dem Pilarik schriftlich gegebene zusage eines lehnsconsenses zu dem kaufe eines freigutes später zurücknahm; sodann war dem könig bereits bekannt, dasz der abt die beiden söhne des Lentulus, die dieser nach seiner vorgeblichen römischen abkunft Scipio und Cato benannt hatte, vom kloster entfernt hatte, weil sie zu wild und mutwillig seien und einen nachteiligen einflusz auf die disciplin der schule ausübten. nun kam noch hinzu, dasz der oberst Lentulus beim vorbeimarsch am kloster bei gelegenheit des letzten herbstmanövers durch die schweine des klosters in unliebsamer weise aufgehalten war. diesen umstand benutzte er bei der tafel des königs, als dieser selbst auf das kloster Berge zu sprechen kam. wenn er sonst vor dem kloster vorbeimarschiert sei, so äuszerte der oberst, so habe er eine menge junger leute gesehen, welche seine burschen mit vergnügen durchmusterten; jetzt sehe man nichts als schweine. der abt möge wohl ein guter ökonom sein, aber um die schule kümmere er sich wahrscheinlich wenig. allenfalls möge er geschickt sein, dorfpriester und betbrüder zu erziehen, aber ein rechtschaffner cavalier könne da nicht mehr erzogen werden usw.[46] diese und andere äuszerungen in verbindung mit der thatsache dasz sich die frequenz der anstalt von jahr zu jahr verminderte, erregten den unwillen des königs im hohen grade und am 31 october 1769 erliesz Friedrich II folgende cabinetsordre an den etatsminister v. Münchhausen.

Mein lieber etats-ministre von Münchhausen! ich vernehme mit zuverlässigkeit, jedoch zu meinem befrembden, dasz die sonst in ziemlichem flor gestandene schule zu Closterberge bey Magdeburg unter der aufsicht des jetzigen abts in sehr groszen verfall gerathen ist, und ich habe ursach zu vermuthen, dasz dieser ein sehr schlechter schulmann seyn und insbesondere dergleichen anstalten mit nutzen vorzustehen nicht fähigkeit genug besitzen musz.

Nun wisset ihr aus der erfahrung, wie sehr mir die aufrechterhaltung und verbesserung der schulen, in welchen junge leute insbesondere zu meinem und des vaterlands dienst gebildet werden sollen, am hertzen liegt, und wie unangenehm es mir dahero seyn müsse, wenn dergleichen grosze und unter dem vorigem abt Stein-

---

[46] H. Ph. C. Henkes archiv für die neueste kirchengeschichte. Weimar 1796. 2, 169.

metz so blühende schule in so grosze abnahme kommen will. um deren anderweitem verfall demnach zuvorzukommen, weisz ich kein ander mittel, als euch hiermit aufzugeben, den dermahligen abt auf eine gute arth mit einer andern stelle zu versehen und dagegen die direction dieser schule einem anderm mann von wissenschaften und genie aufzutragen, unter welchem dieselbe eben den ruf und glantz wieder erhalte, in welchem selbige unter dem verstorbenem abt Steinmetz gestanden hat. ich erwarte darüber des erfordersamsten eure pflichtmäszige vorschläge und bin euer wohl-affectionirter könig   Friedrich.

Potsdam, den 31 octobris 1769.

An den etats-ministre von Münchhausen.

Es scheint, als ob der minister sich bemühte die ungnade des königs abzuwenden und keine versuche machte die königliche ordre zur ausführung zu bringen. die acten melden wenigstens nichts von derartigen schritten. infolge dessen ergieng an den herrn minister eine zweite cabinetsordre vom 5 februar 1770.

Mein lieber etats-ministre von Münchhausen! ohnerachtet ich euch bereits vor geraumer zeit zu erkennen gegeben, wie wenig ich den dermahligen abt zu Closterberge bey Magdeburg geschickt halte, diesen dem lande so ersprieslichen anstalten mit nutzen vorzustehen und denenselben ihr ehmaliges lustre wieder zu geben, und wie nöthig es demnach sey, die direction dererselben einem anderen dazu besser aufgelegtem und in schulsachen berühmtem mann anzuvertrauen; so habe ich doch bis diese stunde von euch weder einen bericht noch sonstige anzeige erhalten, ob und was für maaszreguln ihr genommen habt oder zu nehmen gedenket, um meinen landesväterlichen absichten hierunter ein genüge zu leisten. vielmehr musz ich vernehmen, dasz gedachte anstalten immer mehr sich verschlimmern und wohl gar unter der aufsicht des jetzigen abts gäntzlich zu grunde gehen dürfften. wenn ich aber demselben hierunter keine weitere nachsicht gestattet wissen will, er auch überhaupt zur direction dieser anstalten keine fähigkeit hat, als befehle ich euch hiermit nochmahls und wiederhohlentlich, ohne dem geringstem fernerm anstand darauf bedacht zu seyn, damit ein anderer berühmter und mit denen zu dergleichen anstalten erforderlichen fähigkeiten und eigenschafften begabter, von allem pedantischem wesen entfernter mann an seine stelle berufen, er aber dagegen mit einer convenablen pfarre, wozu er sich vielleicht besser schicken wird, versorgt werden möge. ihr habt euch deshalb sofort alle mögliche mühe zu geben, und ich bin euer wohl-affectionirter könig   Friedrich.

Potsdam, den 5 februarii 1770.

An den etats-ministre von Münchhausen.

Am 16 februar 1770 berichtet der minister, dasz er seiner schuldigkeit gemäsz nicht unterlassen habe, seiner majestät befehle nachzukommen, es habe sich aber bis jetzt noch keine für den abt Hähn passende stelle gefunden; die nächste hoffnung gebe die stelle des general-superintendenten in Ostfriesland, deren inhaber 80 jahre alt sei. dagegen werde er durch eine zu ernennende commission den abt auf die als general-superintendent des herzogtums Magdeburg ihm obliegenden und seinen fähigkeiten angemessenen functionen einschränken, die schulanstalt aber auf einen von ihm unabhängigen fusz setzen und mit guten arbeitern versehen lassen. zu seinem dereinstigen nachfolger sei er bemüht, einen recht tüchtigen mann ausfindig zu machen, und da der künftige flor der schule von einer guten wahl abhange, so bitte er noch um einige frist. der könig hat seiner freude über diese entschlieszungen des ministers dadurch einen ausdruck gegeben, dasz er den rand des schreibens mit einem 'bene' und einem kräftigen Fr. versah.

Magdeburgische regierung und consistorium wurden darauf unterm 18 februar angewiesen, dem abt Hähn sofort die rechnungen des klosters über die letzten jahre abzufordern, daraus einen vollständigen und zuverlässigen status bonorum des klosters zu extrahieren und binnen drei wochen einzureichen. durch diese auszerordentlichen masznahmen wurde der abt Hähn sehr beunruhigt; er erklärte in einer an den könig gerichteten vorstellung vom 6 märz, wie sehr er beklagen müsse, dasz er durch niedrig gesinnte leute verleumdet sei und sich das misfallen des königs zugezogen habe. zur steuer der wahrheit und rettung seiner unschuld erkläre er nach pflicht und gewissen, dasz sowohl das pädagogium als die klösterliche ökonomie keineswegs in so groszen verfall geraten sei, als vermutet werde. er beantragte selbst eine untersuchung des klosters durch unparteiische, in schul- und ökonomiesachen geübte männer, bat um längere frist zur aufstellung der verlangten rechnungen und des status bonorum des klosters und legte seiner vorstellung eine 'kurze und allgemeine anzeige dessen, was während seiner administration des stifts und klosters Berge und zur besseren einrichtung und nutzen der klösterlichen wirtschaft vorgenommen worden.' der bericht der magdeburgischen regierung vom 10 mai, der sich auf die ökonomischen verhältnisse des klosters auf grund der vom abt eingesandten rechnungen erstreckte, wurde durch verfügung vom 6 juni als ungenügend bezeichnet und eine genauere, unter zuziehung tüchtiger landwirte vorzunehmende untersuchung angeordnet. am 10 juni erfolgte eine neue cabinetsordre, durch welche der minister zur ernennung einer unparteiischen commission ermächtigt und zugleich angewiesen wurde, den abt Hähn anderweitig zu versorgen. die cabinetsordre lautet:

Mein lieber etats-ministre von Münchhausen! die von euch vor einiger zeit zur versetzung des abts Haene zu Closterbergen bey Magdeburg verlangte frist dauert zu lange. ich habe bei meiner letzten anwesenheit zu Magdeburg nicht ohne miszfallen vernehmen müssen, dasz es mit diesen anstalten von tage zu tage schlechter wird, und wenn nicht bald ein neuer vernünfftiger mann

denenselben vorgesetzt wird, solche nothwendig durch die wunder-
liche grillen und aufführung dieses directoris gantz zu grunde
gehen müssen.

Meine für dergleichen sonst so blühende schule tragende
landesväterliche vorsorge erlaubt mir demnach keine längere nachsicht, und ich will vielmehr, dasz ihr diesen mann ohne weiterem
anstand allenfalls mit einer inspection auf dem lande versorgen
und an seine stelle einen andern gelehrten schulmann, welcher
dem pietismo nicht ergeben, sonst aber die jugend zur tugend und
nützlichen gliedern des staats ohne kopfhengerey zu bilden fähig
ist, zum director zu closterberge aussuchen und annehmen sollet.

Zugleich ist mein wille, dasz, da dieses closter geschehener
anzeige nach an 15/m thlr. jährl. revenuen haben soll, sofort eine
unpartheyische commision ernannt werde, um die wirthschafft des
bisherigen abts zu untersuchen und zu beurtheilen: ob diese ein-
künffte auch würklich zum besten dieser anstalten verwandt worden sind.

Ihr werdet demnach diesen doppelten auftrag mit der erforderlichen promtitude zu besorgen und mir von dem erfolg so bald
als möglich bericht zu erstatten ohnvergessen seyn. ich bin euer
wohlaffectionirter könig   Friedrich.

Potsdam, den 10 junii 1770.

An den etat-ministre von Münchhausen.

Der minister berichtete darauf umgehend, dasz er die magdeburgische regierung bereits beauftragt habe, die wirtschaft des
klosters zu untersuchen, und noch im laufe des monats eine commission erfahrener schulräte absenden werde, um von dem inneren
zustande der schule kenntnis zu nehmen. auch werde er zur versetzung des abtes die nötigen schritte thun. der könig begleitete
diesen bericht des ministers mit folgenden am rande befindlichen
worten:

Der abt tauget nichts. man mus einen anderen in der stelle
haben. kein mensch wil jetzo seine kinder da hin schicken weil
der kerel ein übertribener pietisticher narr ist.

Die zur untersuchung des gegenwärtigen zustandes der schule eingesetzte, aus den beiden ober-consistorialräten Aug. Friedr. Wilhelm
Sack und Joh. Joachim Spalding und dem professor an der ritteraka-
demie zu Berlin Joh. Georg Sulzer bestehende commission, welche am
25, 26 und 27 juni die visitation vornahm, erklärte in ihrem revisions-
berichte vom 4 juli über den abt Hähn, dasz es ihm bei der einrichtung
und direction der schule weder an geschäftigkeit und eignem fleisze noch
an guten absichten mangele, 'ob wir gleich nicht gefunden haben,
dasz solche durch die dazu gebrauchten mittel seien erreicht worden.'
die von dem abte eingeführte lehrart fand man weder in der vor-
schrift selbst noch in der befolgung dem eigentlichen zwecke einer
guten schule angemessen, vielmehr so, dasz zwar das gedächtnis mit
wörtern angefüllt werde, dem verstande und eigenen denken aber

nicht aufgeholfen werden könne. über lehrer und schüler hatte Hähn
in einem besonderen bericht sich äuszern müssen; die von ihm eingereichte lehrertabelle enthielt name, vaterland, tüchtigkeit und
conduite des lehrers. es waren im collegium 6 conventualen, 3 präceptoren und der französische sprachlehrer Courtois. Hähn stellte
allen ein gutes zeugnis aus. auch die commission erkannte den fleisz
und die treue der lehrer an, aber die erforderliche tüchtigkeit wurde
auszer bei dem rector mag. Joh. Friedr. Aug. Kinderling vermiszt.
Kinderling wurde als ein vorzüglich geschickter mann gelobt sowohl
hinsichtlich einer eingehenden kenntnis der sprachen als auch der bildung eines guten geschmacks und gründlicher beurteilungskraft. den
schülern gab Hähn das zeugnis, dasz sie folgsam, gröstenteils fähig
und sehr lernbegierig seien. 'und weil sie unter guter aufsicht sorg-
fältiger und rechtschaffner stubenpräceptoren sind, so wird ihnen
dadurch die gelegenheit zum faulenzen und ausschweifen benommen.
man handelt hier nach dem principe: es ist besser wunden zu ver-
hüten als dieselben noch so gut zu heilen.' die commission fand die
leistungen der schüler nur in den beiden alten sprachen befriedigend,
aber auch nur in den classen des rectors; in den übrigen unterrichtsgegenständen fand man sie ziemlich seicht. das betragen der schüler
erschien anständig und bescheiden; dasz die schüler zur sogenannten
kopfhängerei angeleitet würden, konnte man nicht bemerken. nach
den vorschlägen der commission wurde am 26 juli verfügt, dasz der
rector Kinderling, der erst seit ostern 1770 das rectorat verwaltete,
unter gewährung einer gehaltszulage von 100 thrn. einstweilen das
pädagogium auf einem von dem jetzigen abt unabhängigen fusze
dirigieren solle und dasz dem abte alle eingriffe in die direction des
pädagogiums zu untersagen seien. eine zweite von der commission
vorgeschlagene änderung betraf die berufung des predigers Ferd.
Christoph Reccard als klosterprediger an stelle des klosterpredigers
und seniors des convents Christian Gotthelf Benjamin Morus.

Die verordneten commissarien Sack, Spalding und Sulzer reich-
ten auszerdem einen von Sulzer verfaszten entwurf betreffend die
einrichtung des pädagogiums des klosters Berge ein, welcher am
7 sept. bestätigt und dem rector Kinderling als instruction übergeben wurde. derselbe zerfällt in zwei hauptteile: 1) von der aufsicht auf die classen und von dem unterricht überhaupt (es waren
dies die anweisungen für Kinderling), 2) von dem besonderen im
unterricht und zwar a) in den sprachen. auszer den sogenannten
oratorischen stunden werden deutsche stunden angesetzt, in denen die
von Sulzer für das Joachimsthalsche gymnasium in Berlin ausgearbeiteten 'vorübungen zur erweckung der aufmerksamkeit und des nach-
denkens' (Berlin 1770) zu benutzen sind. [49] für den lateinunterricht

---

[49] Sulzers buch war 'das erste gediegene deutsche lehrbuch, welches
zugleich einen ersatz bot für die nur mit groszen schwierigkeiten zu
beschaffenden ausgaben der schriftsteller selbst und damit ein sehr ge-

werden alle ausschlieszlich grammatischen stunden abgeschafft. die
erlernung der declination und conjugation erfolgt nach den paradigmata in mechanischer weise. der grammatische unterricht hat sich
an die lectüre und erklärung der lat. autoren anzuschlieszen. der
lat. unterricht ist mit dem deutschen durch schriftliche übungen im
übersetzen aus dem lat. ins deutsche in die engste verbindung zu
setzen. die cursorische lectüre der lat. autoren bleibt wie bisher-
'die jugend soll die lat. sprache nicht blosz nach dem tone der wörter
ins gedächtnis fassen, sondern soll mit den wörtern auch die begrifle
der sachen bekommen und beurteilen lernen, wie die geschicklichkeit
sich in einer sprache gut auszudrücken nicht eine sache des gedächt-
nisses, das den ton der wörter behalten hat, sondern vornehmlich das
werk des verstandes, der jedem wort den auf das genauste bestimmten begriff zuzueignen weisz, und der reifen überlegung ist, die jeden
gedanken gerade so, wie es zeit, ort und andere umstände erfordern,
bald kurz und nachdrücklich, bald umständlicher und mit annehm-
lichkeit verbunden auszudrücken weisz.' für den griech. unterricht
werden dieselben anweisungen gegeben wie für den lat. die regeln
der formation sind erst nach einprägung der paradigmata zu geben.
griechische sprüche und sentenzen zur einübung der vocabeln und
phrasen sind zu memorieren. die jugend soll nicht mit auswendig-
lernen der regeln geplagt werden. im hebräischen unterricht ist vor
allen dingen zu augenmerk zu machen, dasz der schüler das eigen-
tümliche des hebräischen und überhaupt des morgenländischen aus-
drucks, der von dem abendländischen so sehr ausweicht, kennen lerne.
auch ist darauf zu sehen, dasz den jungen leuten das vorurteil benommen werde, als ob die punkte überhaupt eines gleichen ursprungs
mit den buchstaben oder gar inspiriert seien, wobei der lehrer seinen
schülern anweisung geben musz, wie sie die übersetzung der LXX zu
gebrauchen haben. b) in der geographie und historie. es sind
nur zwei geographische classen nötig. in der unteren vorlegung des
planiglobs und der karte über die vier hauptteile der erde, in der
oberen erweiterung des ganzen pensums, speciell Europa, Deutschland, Preuszen. in der geschichte ist der auszug aus Gatterers handbuch zu grunde zu legen. in der untersten classe feste einprägung der
wichtigsten daten, so dasz am ende des cursus jeder solche fragen zu
beantworten weisz wie: in welches jahr vor Christi geburt fällt die sint-
flut, der auszug der kinder Israel aus Egypten, die geburt des Cyrus, der
tod Alexanders des groszen, die erbauung der stadt Rom, die krönung
Karls des groszen? usw. der rector hat also dafür zu sorgen, dasz
der unterricht auf die erlernung solcher hauptpunkte der geschichte
abziele und dabei alle unnötige specialia vermieden werden. in der
folgenden classe wiederholung und erweiterung des vorigen pensums,

wichtiges hindernis in der betreibung der deutschen lectüre hin-
wegräumte.' C. Rethwisch, der staatsminister freiherr v. Zedlitz und
Preuszens höheres schulwesen im zeitalter Friedrich des groszen. Berlin
1881. s. 56.

besonders geschichte des deutschen reiches und speciell des branden-
burgisch-preuszischen staates. c) mathematik und physik. in
III wird die arithmetik scientivisch und als ein teil der mathematik
betrieben und zwar nach dem auszug aus Wolfs anfangsgründen.
ebendaselbst geometrie unter verständlichmachung der demonstra-
tionen des lehrbuchs. physik ist angewandte mathematik. in I vorübungen mit instrumenten und modellen. d) philosophie. in die
philosophische classe werden nur diejenigen aufgenommen, welche
die besten fähigkeiten haben. als lehrbuch dient Ernesti initia doctrinae solidioris. der inhalt dieses buches soll den schülern verständlich und begreiflich gemacht werden. e) encyklopädie. für abiturienten in zwei stunden, um ihnen einen allgemeinen begriff von
sämtlichen teilen der gelehrsamkeit und von dem zusammenhang
derselben zu geben, wozu Sulzers 'kurzer begriff aller wissenschaften'
zu grunde gelegt werden kann.

Die revision der schule durch die dazu eingesetzte commission
beschränkte sich also nicht auf die amtsführung des abtes, sondern
sie erstreckte sich auf die organisation des gesamten unterrichtes
und wies namentlich in der von Sulzer ausgearbeiteten 'einrichtung
des klosters Berge' einen erfolg von hervorragender bedeutung auf.
soweit die von der commission in vorschlag gebrachten änderungen
den abt Hähn betrafen, musten sie den bisherigen leiter der anstalt
empfindlich berühren. am 20 august sandte er eine 'submisse vorstellung und bewegliche bitte, das kloster Berge und das dasige pädagogium betreffend' an den chef des geistlichen departements, etatsminister v. Münchhausen, und legte ein specielles gesuch bei, das so
beginnt: 'nicht nur von schmerz und wehmut durchdrungen, sondern
auch durch einen körperlichen eid verpflichtet, für das wohl und die
erhaltung des stifts und klosters Berge alle mögliche sorgfalt zu
tragen, erkühne ich mich, zur rettung meines gewissens und befrei-
ung der verantwortung an jenem tage des gerichts, diesen dreisten
schritt zu wagen und euer excellenz beiliegende submisse vorstellung
und bewegliche bitte sowohl vor augen als an das herz zu legen.'
und weiter heiszt es dann: 'noch beweglicher bitte ich gott, meinen
gnädigen herrn und chefpräsident des geistlichen departements, als
eine von ihm ausersehene mittelsperson zu gebrauchen, Berge wieder
zu einem solchen Berge zu machen, darauf man forthin ungehindert,
getrost und freudig lehren könne, was zur zeitlichen und ewigen
wohlfahrt einer studierenden jugend und durch solche alsdann zum
wahren besten der königlichen staaten und auswärtigen staaten gereichen möchte' usw. er beruft sich in dieser vorstellung auf die er-
haltene königliche bestallung vom 26 juli 1762, wonach er die rechte,
vorteile und prärogative seines vorgängers genieszen solle, sowie auf
die cabinetsordre vom 8 april 1764, welche ihm das vollkommne
vertrauen des königs in seine gewissenhafte beförderung der wohlfahrt des klosters und des endzweckes guter erziehung der jugend
bezeugte, und erklärt, dasz er sich keines verbrechens bewust sei,

das eine so empfindliche ahndung verdiente und durch welches das pädagogium in so groszen verfall geraten sein sollte, als man etwa angebracht habe. endlich beschwert er sich über die plötzlich angeordnete visitation, über die harten masznahmen, die infolge derselben in aussicht ständen, namentlich über die bevorstehende entfernung des schon seit zehn jahren im amte befindlichen klosterpredigers Morus und über die anstellung des rectors Kinderling als director des pädagogiums.

Diese vorstellung hatte keinen erfolg, vielmehr wurde der minister v. Münchhausen durch cabinetsordre vom 13 sept. 1770 angewiesen, über die in aussicht stehende verbesserung der klosterbergischen schulanstalten zu berichten. diese ordre lautet:

Mein lieber etats-ministre von Münchhausen! wie stehet es denn mit unserm abt zu Closterbergen und der verbesserung der dasigen schulanstalten? und was hat eure dahin zu dem ende abgesandte commission hierunter ausgerichtet? ihr wisset, wie sehr mir an dieser verbesserung gelegen ist und wie nothwendig ich die entfernung des gegenwärtigen abtes ansehe, und ich will dahero ohne dem geringsten anstand von euch benachrichtiget seyn, wie weit meine befehle in ansehung dieser beyden puncte von euch befolget worden sind. inzwischen bin ich euer wohlaffectionierter könig   Friedrich.

Potsdam, den 13 Septembris 1770.

An den etats-ministre von Münchhausen.

Schon am folgenden tago berichtete der minister dem könig, dasz dem abt Hähn die direction abgenommen und einstweilen dem rector Kinderling übertragen, dasz an stelle des zeitherigen klosterpredigers Morus der prediger Reccard, ein mann von aufgeklärter denkungsart, der einige jahre an der realschule zu Berlin gearbeitet, bestellt worden sei. ferner lasse er jetzt den abt Jerusalem in Braunschweig, dem das dortige Carolinum seinen flor zu verdanken habe und der wohl die abtstelle zu kloster Berge annehmen werde, sondieren und zur berufung zweier geschickter lehrer, Mönnich und Zobel in Greifswald, seien bereits schritte gethan. der könig begleitete diesen bericht mit der randbemerkung: 'ist guht. Fr.'

Das nächste war nun die entfernung des klosterpredigers Morus; derselbe protestierte gegen seine versetzung auf die pfarrstelle zu Schwichtenberg in Pommern; ebenso beschwerte sich der abt Hähn über die willkürlichen eingriffe in seine patronatsrechte. trotzdem erfolgte die berufung des neuen klosterpredigers Reccard am 22 september 1770. derselbe traf demnächst ein, und da er die predigerwohnung, die Morus nicht räumen wollte, nicht beziehen konnte, so erhielt er in der rectorwohnung ein zimmer. überall wurden klagen laut: der abt suchte seine rechte aufrecht zu erhalten; er riet, wie Kinderling an den oberconsistorialrat Sack schrieb, in briefen eltern ab, vor der hand ihre söhne nach kloster Berge zu schicken, weil in kurzem das dortige schulwesen wieder unter seine direction und dann auf den vorigen fusz kommen werde. nun kamen zwei neue lehrer, die magister Zobel und Mönnich, deren einführung als mitglieder des convents durch verfügung vom 10 november angeordnet wurde; dann sandte der rector eine beschwerde über den abt, der abt eine dreiszig bogen starke klageschrift über den rector an die regierung; letzterer fügte ein gutachten der conventualen Köppe, Werner, Fritzsche, Matthias und Schulhoff bei, die sich sämtlich gegen Kinderlings direction richteten. alles dies lieszen die behörden unbeachtet. da erschien folgende cabinetsordre vom 5 januar 1771, welche das misfallen des königs darüber aussprach, dasz die gewünschte entfernung des abtes Hähn immer noch nicht bewirkt sei.

Mein lieber etats-ministre von Münchhausen! ich habe euch schon vor geraumer zeit aufgegeben, dasz ihr den zeitigen abt Heyne (!) in kloster Berge, der die dasigen schul-anstalten völlig in verfall gebracht hat, und welchen ich dahero daselbst weiter nicht dulden kann, sofort wegschaffen soltet. solches ist, wie ich leider höre, noch bis jezo nicht geschehen. ihr werdet also, sothane meine ordre gehörig zu befolgen, nunmehro um so weniger säumen, da ihr leicht urtheilen könnet, dasz euch in ein und eben der sache meinen willen so öffters bekannt zu machen, mir nicht anders als höchst unangenehm seyn mus. ich bin sonst euer wohlaffectionierter könig   Friedrich.

Berlin, den 5 Januarii 1771.

An den etats-ministre von Münchhausen.

Offenbar war dieser gemessene befehl des königs, der die sofortige ausweisung des abtes aus dem kloster offen aussprach, die unmittelbare folge der nachlässigen ausführung der früheren cabinetsbefehle, und man darf wohl annehmen, dasz er sogar mit dem im januar 1771 erfolgten eintritt des freiherrn v. Zedlitz in das preuszische unterrichtsministerium im zusammenhange steht. die darüber gewechselten schriftstücke haben uns zwar nicht vorgelegen, allein wenn wir einer äuszerung Nicolais glauben schenken dürfen, so ist die vermutung richtig. Nicolai sagt in einem briefe an Gurlitt, der sich notizen zu einer biographie des abtes Resewitz erbat (8 jan. 1810), der könig sei über den langen verzug ungnädig geworden, habe dem minister v. Münchhausen das department der schulen genommen und ihn an das tribunal gesetzt, weil er sich eingebildet habe, Münchhausen begünstige den abt Hähn und suche die stelle offen zu erhalten.

Jedenfalls muste jetzt energisch vorgegangen werden, und so erhielt die magdeburgische regierung schon am 6 januar den befehl, auf grund der obigen cabinetsordre den abt Hähn aus dem kloster zu weisen; da jedoch wegen der noch schwebenden untersuchung der ökonomischen angelegenheiten des klosters seine anwesenheit noch nötig sei, ihm den aufenthalt in einem vom convent und pädagogium abgesonderten gebäude zu gestatten und ihn auszer allem verband mit der klösterlichen administration zu setzen. gleichzeitig wurde die magdeburgische regierung veranlaszt, die interimistische direction des pädagogiums, bestehend aus Kinderling, Reccard, Zobel und Mönnich, zur berichterstattung über den gegenwärtigen zustand der schule aufzufordern.

So war denn das schicksal des abtes Hähn entschieden. die über die ökonomischen verhältnisse des klosters durch den regierungsrat Schrader in Magdeburg angestellte untersuchung lieferte ein sehr günstiges ergebnis: es fand sich eine activsumme von über 6000 thlrn. vor, die der abt in den jahren seiner verwaltung aus anlasz übertriebener sparsamkeit als capital angesammelt hatte. der grund seiner dienstentlassung war demnach nicht in mangelhafter verwaltung des klosters zu suchen, sondern lediglich in seinem pietistischen eifer und in seiner despotischen härte, mit der er lehrer und schüler behandelt hatte. man schrieb ihm den verfall der berühmten erziehungsanstalt zu, und da dem könig daran lag, kloster Berge wieder zu seinem früheren ansehen zu bringen, so muste eine änderung mit der direction der schule vorgenommen werden.

Der vertriebene Hähn verliesz in aller stille am 16 januar das kloster und verlebte zuerst einige monate im hause des ihm befreundeten advocaten Seelmann in Magdeburg, den er zum syndicus des klosters angenommen hatte. auf verwendung seines ehemaligen zöglings, des prinzen Friedrich Wilhelm, und anderer hoher personen kam er noch im jahre 1771 als general-superintendent, consistorialrat und scholarch nach Aurich in Ostfriesland, wo inzwischen durch das ableben des general-superintendenten Andreas Arnold Gossel eine vakanz eingetreten war. zugleich wurde er prediger an der stadtkirche. um ostern 1772 trat er seine neue stellung an und hielt am 26 april seine erste predigt in der stadtkirche über apostelgesch. 5, 30—32. durch die trüben erfahrungen seines lebens vorsichtig gemacht, bewies er in seiner neuen stellung gröszere vorsicht und klugheit, verwaltete seine ämter mit gewissenhafter treue, verkehrte mit den ihm unterstellten geistlichen und lehrern in brüderlicher eintracht und erwarb sich die hochachtung und verehrung aller, die mit ihm zu thun hatten. durch stiftung einer besonderen kasse für die lutherischen prediger-witwen und -waisen (1775) hat er sich ein gesegnetes denkmal gestiftet. er starb am 4 juni 1789.[50]

Die untersuchung der ökonomischen verhältnisse des klosters ergab, wie schon gesagt, einen activbestand von über 6000 thlrn.; die jährlichen einnahmen waren auf 15000 thlr. veranschlagt. nach einer noch vorhandenen 'recapitulation des klosterbergischen corpus bonorum und sämtlicher einnahmen' lieferten das vorwerk kloster Berge 2369 thlr., die verpachteten landgüter Zackmünde, Sülldorf und die klosterhöfe zu Schleibnitz, Osterweddingen, Prester und Pechau, sowie das schulzengericht zu Kalenberge 4776 thlr., ver-

---

[50] Reershemius, ostfriesländisches predigerdenkmahl. Aurich 1796. s. 78—83.

schiedene grundstücke, äcker und wiesen 1144 thlr., pacht und erben-
zinskorn 1981 thlr., die schulkasse für beköstigung der zöglinge 2344
thlr.; der rest flosz aus 16 verschiedenen anderen positionen des etats. [51]
Die vierköpfige direction des pädagogiums konnte nicht von
langer dauer sein. dem dienstalter nach gebührte Kinderling der
vorsitz, obwohl er erst 30 jahr alt war; aber der klosterprediger
Reccard beanspruchte ihn nach gewohnheitsmäszigem, seinem amte
zukommendem rechte; die beiden neueingetretenen conventualen
Mönnich und Zobel waren mit den verhältnissen noch nicht vertraut;
die conventualen Köppe, Werner und Fritzsche standen der neuen
einrichtung wenig sympathisch gegenüber, zumal da ihnen Kinderling
vorgezogen war. Kinderling war viel zu bescheiden, um für mehr
als für den primus inter pares zu gelten, er hatte doch immer als
rector die meisten geschäfte zu übernehmen und die gröste verantwortung zu tragen; er richtete zu mich. 1770 einen öffentlichen redeact ein, bei welchem 20 redner auftraten, und lud mit einer abhandlung 'de Benedictorum monachorum in rem litterariam meritis' (24 s. 4.)
ein, der er zu ostern 1771 ein zweites 'periculum' über dasselbe
thema folgen liesz. als verwalter der klosterbibliothek verfaszte er
einen katalog der dem kloster zugefallenen bibliothek des verstorbenen abtes Steinmetz, durch welche die klosterbibliothek um 4300
bände bereichert war. auch hatte er 1769 die anfertigung eines real-
kataloges begonnen, der sich wie auch der Steinmetzsche auf der
universitätsbibliothek zu Halle befindet. [52] fünf auf die geschichte
des klosters Berge bezügliche handschriftliche werke Kinderlings be-
wahrt die königliche bibliothek zu Berlin. [53] diese sammlungen entstanden groszenteils in jener musze, welche ihm das 1774 übernom-
mene pfarramt zu Calbe a. S. gewährte. schon 1771 hatte er sein
schulamt aufgegeben und das pfarramt zu Schwarz bei Calbe übernommen. doch blieb er auch jetzt noch in geistigem verkehr mit
dem kloster Berge. im j. 1774 liesz er eine narratio historico-litteraria
de bibliotheca coenobii Bergensis (Magdeburg 1774. 118 s. 4.) erscheinen. die klosterbibliothek besasz danach 8801 bände. im
'journal von und für Deutschland' 1789. 1, 39—49 gab er berichtigende anmerkungen über die nachricht von dem kloster Berge,
welche im ersten bande der reisenden für länder- und völkerkunde
(Nürnb. 1788) veröffentlicht war. später wandte sich Kinderling den
germanistischen studien zu und bewährte sich als hervorragender
forscher auf dem gebiete der deutschen sprachforschung durch eine
von der königlichen gesellschaft der wissenschaften zu Göttingen als
preisschrift gekrönte 'geschichte der niedersächsischen oder sog. platt-
deutschen sprache vornehmlich bis auf Luthers zeiten, nebst einer
musterung der vornehmsten denkmale dieser mundart' (Magdeburg 1800).

---

[51] acten des geh. staatsarchivs zu Berlin.
[52] geschichtsbl. f. stadt und land Magdeburg 18, 30 f.
[53] ebendas. s. 31 anm. 1.

4

Da das ansehen der anstalt durch die auszerordentlichen masznahmen, welche die absetzung des abtes Hähn zur folge gehabt hatten, in der öffentlichen meinung sehr geschädigt war, der minister aber ernstlich darauf bedacht war, durch die wahl eines tüchtigen abtes der anstalt ihre geachtete stellung wiederzugeben, so war man sehr gespannt zu erfahren, wer zu dem wichtigen posten würde berufen werden. die verhandlungen mit dem abt Jerusalem in Braunschweig waren erfolglos. wie sehr man sich in den betreffenden kreisen mit der frage der besetzung dieser stelle beschäftigte, lehrt ein brief Boies in Göttingen an Gleim. Boie schrieb am 18 märz 1771: 'schade, dasz Cramer (oberhofprediger in Kopenhagen) nicht nach kloster Berge kommt! wenn man nur nicht Büsching dahin bringt! warum denkt man aber nicht an einen ganz vortrefflichen mann, dessen, ich sage es ungern, mein vaterland nicht wert ist, an den herrn Ehlers in Oldenburg? ich habe ihn in der nähe unter seinen schülern gesehen und ich weisz noch keinen, der mir so zum unterricht junger leute geboren scheint. in Oldenburg erfährt er alles, was ein aufgeklärter kopf an einem orte erfahren musz, wo die dummheit verjährt ist und sogar auf dem priesterstuhl sitzt.'[54]

Es ist richtig, dasz Cramer zur übernahme der abtsstelle aufgefordert war; auch Heyne in Göttingen war durch Nicolai und Sulzer im auftrage des ministers zur annahme der stelle eingeladen worden. beide lehnten ab; Nicolai meint, die abtsstelle sei gleichsam wie sauer bier ausgeboten worden, ohne dasz sie jemand annehmen wollte. 'die wahre geheime ursache, warum niemand sich entschlieszen wollte, diese stelle anzunehmen, so schreibt Nicolai an Gurlitt, war ein gewisser geistlicher, welcher selbst die stelle durch protection zu erhalten hoffte und daher durch die dritte und vierte hand jedem, dem sie angeboten wurde (was er durch seine verbindungen zu erfahren wuste), einen widerwillen beizubringen suchte.' dasz der minister v. Münchhausen sich ernstlich bemühte einen neuen abt zu gewinnen, während Hähn noch im amte war, beweist der umstand, dasz die verhandlungen mit Heyne schon im october 1770 geführt wurden. der letztere hatte sich auch beinahe schon entschlossen, als er (im november) abschrieb, weil ihm versichert worden sei, die wichtigkeit der stelle sei erdichtet und es sei nur die stelle eines präceptors über präceptoren. in einem briefe an den geheimen legationsrat v. Hagedorn in Dresden (Göttingen 24 märz 1771) äuszert sich Heyne über die angelegenheit in folgenden worten: 'herr hofrat Jahn, den ich darum gebeten hatte, wird ihnen bereits von dem rufe nach klosterbergen als prälat und abt, general-superintendent und consistorialrat mit 2000 thlrn. gehalt und anderen vorteilen nachricht gegeben haben. die grosze sphäre, thätig zu sein, und zwar durch eine erziehungsanstalt des jungen adels, und dadurch heilsame folgen über ein ganzes land zu bringen, waren eine ver-

---

[54] archiv der Gleimstiftung in Halberstadt.

suchung für mich; auch selbst dies, da ich das vorauswuste, was nun
erfolget, dasz die ganzen rechte des klosters vernichtet und eine
blosze schulanstalt beschlossen werden würde, sobald ich den antrag
ausschlüge.'[55]
Die wahl des ministers fiel auf den von Teller empfohlenen
director des gymnasiums zu Coburg Erhard Andreas Frommann.[56] dieser, am 8 nov. 1722 zu Wiesenfeld im Coburgischen
geboren, war 1745 docent in Altdorf, dann an zwei orten pfarrer,
1756 professor der griech. und morgenländischen sprachen am gymnasium zu Coburg, seit 1761 director dieser anstalt gewesen. Frommann fand bei seinem eintritt in kloster Berge 22 schüler. in kurzer
zeit stieg die frequenz wieder so bedeutend, dasz die anstalt bald von
130 schülern besucht war. allein diese frequenz war eine künstlich
erzwungene. die anstalt, welche unter dem abt Hähn an ansehen
verloren hatte, sollte, so urteilt der propst Rötger des pädagogiums
zum kloster U. L. Fr. in Magdeburg in einem von der behörde geforderten gutachten, nach geschehener veränderung mit einem male
durch starke frequenz sich auszeichnen. man suchte in der geschwin-
digkeit recht viele schüler durch versprechungen und jedes andere
mittel zusammenzubringen. unter diesen umständen, wo so unendlich verschieden erzogene junge leute in so groszer anzahl mit einem
male zusammentrafen, ohne schon eine feststehende einrichtung, ohne
einen schon herschenden bessern schülerton vorzufinden, war es kaum
möglich ein gutes ganze zu schaffen, am wenigsten wenn dann auch
der director und fast alle lehrer noch neu in ihrer lage und letztere noch
nicht an einander gewöhnt und unter sich nicht einig waren. ein
gleiches urteil fällte der consistorialrat Funk, director des domgymnasiums in Magdeburg, in einem von der behörde geforderten gutachten. in der zeit des grösten flors der schule, nemlich kurz vor
dem tode des abtes Frommann und einige zeit nachher, würde er
sich, so meinte Funk, um keinen preis haben entschlieszen können,
einen jungen menschen, der ihm lieb wäre, dem klosterbergischen
pädagogium anzuvertrauen. 'durch die absetzung des abtes Hähn,
sagt derselbe, verlor die anstalt auf einmal die gute meinung und das
zutrauen der nicht wenig zahlreichen und wichtigen partei derjenigen,
welche mit dem abt Hähn über gewisse gegenstände der religion
gleichförmig gesinnt waren. nach seiner absetzung suchte man, ver-
mutlich um jenen auszerordentlichen schritt vor dem publicum durch
einen auffallend gut scheinenden erfolg zu rechtfertigen, die zahl der
scholaren auf einmal möglichst zu vermehren und brachte wie bei dem
gastmahl im evangelium zusammen wen man fand, dem damaligen
verlauten nach auch solche, welche von anderen schulen weggewiesen
waren. der nachfolger des abtes Hähn, der gelehrte und recht-
schaffene Frommann ward bald kränklich und seine krankheit machte

---

[55] neues archiv für philologie und pädagogik. 1829, s. 27.
[56] allg. deutsche biographie 8, 139.

ihn in dem letzten leidensvollen jahre seines lebens fast ganz un-
fähig zu seinem amte.' auch Gurlitt erkannte in dem schnellen zu-
sammenflusz von jungen leuten aus allen gegenden und von so ver-
schiedenem stande, charakter und erziehung unter der direction des
abtes Frommann eine entfernte ursache des späteren verfalls der
schule unter Resewitz.

Wie grosze erwartungen man übrigens allgemein von Frommann gehegt hatte und wie sehr man geneigt gewesen war von seiner
direction eine gänzliche umgestaltung des klosterbergischen schulwesens zu erhoffen, zeigen u. a. die betrachtungen, welche der
regierungsdirector v. Tevenar zu Magdeburg in einer an seine freunde
gerichteten schrift[57] anstellte. sie sind auch deshalb merkwürdig
und verdienen hier mitgeteilt zu werden, weil zugleich die ganze
frühere pietistische richtung des klosters einer beurteilung von frei-
sinnigem standpuncte aus unterzogen wird. der verfasser sagt:
'kloster Berge wird durch den vorliegenden heiligen busch oder vielmehr durch einen klumpen hoher, dichter, ehrwürdiger eichen und
rüstern, die einen teil des gartens ausmachen, versteckt, so dasz nur
die kleine turmspitze hervorragt.

Die Musen sollen nach der jetzigen bestimmung hier ihren sitz
haben und jünglinge zu edlen, kühnen und würdigen stützen des
staates gebildet werden. diese schulanstalt wird von wenigen in
Deutschland und anderen reichen Europas in absicht der lage, der
gebäude und der einkünfte übertroffen.

Einige finstere äbte haben die Musen in den vorigen zeiten durch
mystische theologie, aberglauben, schwärmerei, stolz, heftige leiden-
schaften und mangel eines wahren genies verscheucht und daraus
ein wahres kloster gemacht. in neueren zeiten hat Pandora ihre
büchse über diesen Musensitz eröffnet, die häupter haben sich wegen
der regierungsformen nicht vereinigen können. eine unbedingte will-
kürliche regierung hat die oberhand behalten, aber auch in kurzer
zeit den satz bestätigt, dasz solche früh oder spät den verfall aller
guten anstalten nach sich zieht.

Die in einer gewissen epoche hierselbst angestellten erbauungsstunden scheinen die wahren früchte der religion, rechtschaffenheit
und güte nicht befördert, sondern der fanatische, bilderreiche vortrag
bei der noch nicht selbst denkenden jugend und hypochondrischen
zuhörern aus der stadt eine stupide andacht, eine betäubende, ge-
dankenlose aufwallung des gemüts veranlaszt zu haben, wodurch
die krankheit im kopf und im unterleibe mehr vergröszert als vermindert worden. es scheint, dasz die vorigen regenten dieser schule
sowie viele andere altorthodoxe männer zu kleine begriffe von der
religion gehabt und nicht den über alles erhabenen gott in seiner

---

[57] über den garten, den ich in den festungswällen zu Magdeburg an-
gelegt habe. o. j. s. 11—13. v. Tevenar verfaszte noch zwei juristische
schriften: 1) 'versuch über die rechtsgelahrtheit.' Magd. u. Leipz. 1777.
2) 'theorie der beweise im civilprocess.' Magd. u. Leipz. 1780.

grösze gekannt nnd verehrt, sondern nur den gott in menschlicher gestalt angebetet und nicht sowohl die landstrasze als vielmehr selbsterdachte schleif- und richtwege zur seligkeit verfolgt haben.

Da diese epoche ihre endschaft erreicht hat und die stiftung durch simple und nicht weithergesuchte operationen unter dem abte Frommann wieder dem zwecke gemäsz eingerichtet worden, so wird die wolke von mystischen dünsten, die sich eine zeitlang über diesen sitz verbreitet hat, wieder verschwinden, die echte kunst der Griechen und Römer sich bei lehrer und schüler wieder einfinden und die jugend ihren schöpfer nicht durch zwang und heuchelei, sondern mit einer dankbaren, heiteren stirn verehren, auch mehrere tugenden, als ihnen die zehn gebote vorschreiben, ausüben lernen. es ist zu wünschen, dasz dieser flor von langer dauer sein möge.'

Zuletzt giebt der verfasser auch eine schilderung des klosterbergischen gartens. 'in dem garten bewundert man mehr die natur als die kunst. der busch und die sich durchschlängelnden alleen, auch andere anlagen, verursachen ein behagliches, und der philosophische gang ein erhabenes und majestätisches ansehen, wozu die höhe der bäume und die verbindung anderer gegenstände, das umherstehende niedrige gebüsch, vieles beitragen. dieses sind jedoch hauptsächlich die partieen, worin man sich mit vergnügen aufhalten kann. in dem garten und an der denselben einschlieszenden peripherie fehlt es an gartenhäusern, worin man vergnügung und schutz gegen sonne, regen und wind findet. der gartensaal in dem klostergebäude und die darauf stoszende allee nebst bänken und verzierungen sind dem vergnügen des abtes gewidmet.'

Zum lehrercollegium, das Frommann bei seinem amtsantritt am 12 juni 1771 vorfand, gehörten der procurator Joh. Paul Köppe und die conventualen Joh. Balthasar Werner und Joh. Mich. Fritzsche. alle drei übernahmen aber bereits 1772 pfarrstellen. an Kinderlings stelle, der ebenfalls ein pfarramt übernahm, wurde der frühere rector Christian Friedr. Jonä wieder berufen. man hoffte, dasz er als rector und senior des convents bei der reichen erfahrung, die er in seiner früheren langjährigen verwaltung des rectorates gesammelt hatte, sich als eine sichere stütze des neuen abtes erweisen und dasz infolge seiner wiederberufung das vertrauen des publicums sich der anstalt von neuem zuwenden werde. Jonä verwaltete auch sein amt nach besten kräften, aber er übte doch jetzt und noch mehr später eine zu grosze nachsicht gegen die schüler sowohl in den anforderungen an die leistungsfähigkeit derselben als in der handhabung der disciplin. er verfaszte von 1772—1775 die abhandlung zu den osterprogrammen der anstalt. das programm von 1773 enthielt eine abhandlung 'de utilitate ex eruditorum dissensionibus iuveni ad eruditionis laudem contendenti capienda' (12 s. 4.) und die von 1774 und 1775 'gedanken über die disciplin in öffentlichen erziehungsanstalten' (22 und 15 s. 4.). Jonä wirkte an der anstalt noch bis 1779, in welchem jahre er propst in Crossen wurde, wo er 1782 starb.

Das zweite conventsmitglied war der klosterprediger Ferdinand Christoph Reccard, der 1777 pastor in Bahrendorf wurde, wo er 1780 starb. er schrieb ein buch 'gedanken über den wert sogenannter predigten für jünglinge' (Magdeburg 1773) und lieferte einige beiträge zu des abtes Frommann 'sammlung einiger predigten und ermahnungsreden für die studierende jugend in kloster Berge gehalten' (Magdeburg 1774). auszerdem veröffentlichte er die am 25 october 1774 gehaltene gedächtnisrede auf abt Frommann, welche nach anleitung des bibeltextes Röm. 3, 23—25 von dem unschätzbaren werte der religion Jesu für das sterbebett des christen handelte. die beiden für die philologischen und mathematischen fächer berufenen lehrer mag. Rudolf Wilh. Zobel und mag. Bernhard Friedr. Mönnich leisteten der anstalt ersprieszliche dienste; leider wurden sie sehr bald in andere ämter berufen: beide wurden ordentliche professoren an der universität Frankfurt a. O., der erstere 1773, der andere 1778. von Frankfurt wurde Mönnich als geh. oberberg- und baurat in das ministerium berufen. 1797 trat er in den ruhestand; am 1 august 1800 starb er zu Berlin.

Die thätigkeit des abtes Frommann war nur von kurzer dauer. er hat während seiner vierjährigen amtsführung 169 schüler aufgenommen. am 1 october 1774 starb er, nachdem er wohl ein jahr lang an das krankenbett gefesselt gewesen war. seinen lebenslauf beschrieb der conventual Phil. Anton Friedr. Martini aus Coburg und lieferte darin ein verzeichnis seiner schriften. [58]

Vom october 1774 bis ostern 1775 war die abtsstelle unbesetzt. während der sedisvacanz versah der klosterprediger Reccard die geistlichen, der rector Jonä die auf die schule bezüglichen geschäfte des abtes. leider gereichte diese aushilfe der anstalt nicht zum vorteil. 'es ist unleugbar, schreibt Funk, dasz nach Frommanns tode und während der vacanz das allgemeine gerücht ohne ausnahme von der äuszersten unordnung und indisciplin der klosterbergischen schule sprach.' wir besitzen von dem dichter Friedrich v. Matthisson, der 1774 die schule bezog, einen eingehenden bericht über die damaligen verhältnisse. 'das schülerpersonal bestand, wie er in seiner selbstbiographie sagt, meist aus adligen. fast alle studierenden, selbst die jüngsten von ihnen, suchten vor der zeit entweder den officier oder den akademiker zu spielen und wem es ernstlich darum zu thun war, als ein würdiges mitglied des sogenannten renommistenordens anerkannt und gepriesen zu werden, der durfte sich, wie die jungen herren sich ausdrückten, von keinem präceptor etwas

---

[58] Nicolai äuszert in einem briefe an Gurlitt, Teller, der Frommann für die abtstelle empfohlen, habe ihn nur aus seinen lateinischen programmen, die er in Koburg geschrieben, gekannt. 'dieser ängstliche und schwächliche mann schickte sich gar nicht zu der stelle und zur erziehung junger leute. aber Teller hielt (unter uns sei es gesagt) gar zu viel davon, dasz jemand latein schrieb. sobald er dies fand, untersuchte er wenig mehr.'

bieten lassen. hierdurch entsprang eine permanente, höchst ärger-
liche opposition des lehr- und lernstandes. nur wenigen individuen
des ersteren gelang es durch überwiegende talente, feinere weltsitte
und männliche haltung dem rohen haufen achtung und folgsamkeit
abzugewinnen. die ordnungsliebenden, rechtlichen und fleiszigen
schüler, deren zahl übrigens gar nicht unbeträchtlich war, konnten
gegen die tonangebende partei niemals aufkommen und bildeten deshalb eine stille gemeinde, die, den rechten gebrauch der schuljahre
unverrückt vor augen und im herzen, sich die neckereien und pagen-
streiche der luftigen wildfänge, die in tressenkleidern und federhüten
einherstolzierten und sich mitunter auch schon auf den degen forderten, wenig oder gar nicht kümmern liesz.' [59]

Unter diesen verhältnissen war die notwendigkeit geboten, in
die stelle des abtes einen nicht blosz kenntnisreichen und gelehrten
sondern zugleich energischen und disciplinarisch streng geschulten
pädagogen zu setzen, der mit allen kräften bestrebt war, die durch die
vacanz herbeigeführten zustände vergessen zu machen, überhaupt aber
der anstalt zu dem früheren ansehen wieder zu verhelfen. der chef des
unterrichtsministeriums freiherr v. Zedlitz berief am 27 october 1774
zum abt des klosters Berge und zum leiter des pädagogiums den bisherigen pastor an der deutschen St. Petrikirche zu Kopenhagen
F r i e d r i c h G a b r i e l R e s e w i t z. [60] der minister befand sich wegen
der besetzung der stelle in nicht geringer verlegenheit. wie Nicolai
in einem briefe an Gurlitt (27 jan. 1810) äuszert, hatte sich Basedow
zwar selbst dazu empfohlen und er wäre auch wohl brauchbar gewesen, aber wegen seiner lebensart konnte und wollte man ihn nicht
berufen. Zedlitz fragte auch Nicolai um rat. da Resewitz gerade
nicht lange vorher an Nicolai geschrieben hatte, dasz er nach
Struensees falle sich in Kopenhagen in einer nicht ganz angenehmen
lage befinde, so schlug dieser Resewitz vor und gab dem minister
das buch von der erziehung des bürgers. darauf habe er sofort den
auftrag erhalten, Resewitz einzuladen und dieser habe den antrag in
der hoffnung angenommen, dasz er in dem neuen amte einem gröszeren
kreise und besonders dem werke der jugenderziehung wesentlichen
nutzen bringen könne.

Resewitz, geboren den 9 märz 1729 [61] zu Berlin, seit 1740
schüler des Joachimsthalschen gymnasiums, studierte seit 1747 in
Halle, wo er sich in Baumgartens schule zu einem 'denkenden' theo-

---

[59] Fr. v. Matthisson litterarischer nachlasz. Berlin 1832. 1, 249.
[60] W. Kawerau, Friedrich Gabriel Resewitz. ein beitrag zur geschichte der deutschen aufklärung. geschichtsblätter für stadt und land
Magdeburg. 20, 149—195.
[61] Meusel u. a. nach ihm geben 1725 als geburtsjahr an. für
Kawerau, der 1728 annimmt, ist die todesanzeige der familie vom
1 nov. 1806 entscheidend, wonach Resewitz im 79n lebensjahre starb.
das geburtsjahr 1729 gibt R. selbst in den amtlichen jahrestabellen und
in seiner aus Gurlitts papieren von prof. Müller veröffentlichten autobiographie (neue jahrb. f. phil. und päd. 1829 s. 69—71).

logen ausbildete und unter Meier seine philosophischen studien machte. nach beendigung seiner studien kehrte er 1750 nach Berlin zurück. nach wenigen monaten ernannte ihn der fürst von Zerbst zu seinem reiseprediger und nahm ihn zu einem einjährigen aufenthalte mit nach Paris. eine ihm angebotene pfarrstelle in Jever schlug er aus, da er bedenken trug den verlangten eid auf die symbolischen bücher zu leisten, verlebte das jahr 1755 als privatgelehrter in Berlin und gründete mit Moses Mendelssohn und Nicolai eine gelehrte gesellschaft, die während dreier jahre das Berliner litteraturleben beeinfluszte. die von ihm beigesteuerte abhandlung 'über das genie'[62] erntete das lob Thomas Abbts.[63] während dieser zeit übernahm er die erziehung des sohnes des ministers der geistlichen angelegenheiten v. Dankelmann und erhielt 1757, vom minister grafen v. Finkenstein der prinzessin Anna Amalie von Preuszen, der schwester Friedrichs des groszen, welche dem stifte Quedlinburg als äbtissin vorstand, warm empfohlen, die erste predigerstelle an der St. Benedictikirche zu Quedlinburg, die er bis 1767 versah. als Lessing von der redaction der 'briefe, die neueste litteratur betreffend' zurücktrat, wurde Resewitz nebst Thomas Abbt ein eifriger mitarbeiter. am 2 august 1767 wurde er als prediger an der deutschen St. Petrikirche zu Kopenhagen eingeführt. hier schlosz er sich dem nordischen litteraturkreise an, indem er mit Klopstock, Joh. Andreas Cramer, Joh. Heinrich Schlegel und Gottfr. Benedict Funk in freundschaftliche verbindung trat, erhielt das directorat des Kopenhagener armenwesens und wurde 1771 vom könig mit der gründung und einrichtung einer realschule betraut. im jahre 1773 erschien zu Kopenhagen sein buch über 'die erziehung des bürgers zum gebrauch des gesunden verstandes und zur gemeinnützigen geschäftigkeit', dessen zweite im kloster Berge neu bearbeitete auflage (1776) er dem könig von Preuszen widmete. mit diesem buche, durch welches er, wie wir sahen, die aufmerksamkeit des preuszischen unterrichtsministers erregt hatte, begann Resewitz die lange reihe seiner pädagogischen werke. es war eine epochemachende pädagogische reformschrift, 'für die geschichte des sturmes und dranges der deutschen pädagogik eins der bedeutsamsten historischen documente und insbesondere für die anschauungen und bestrebungen der deutschen aufklärung auf dem gebiete des schul- und erziehungswesens geradezu typisch.'[64] die bürgerliche erziehungsanstalt, in welcher vernünftige, gesittete und nützliche bürger erzogen werden sollen, wünscht der verfasser in dreierlei gestalt: 1) als ackerschulen für den bauernstand, 2) als handwerkschulen für die provinzialstädte und für den 'niedrigen stand' in den hauptstädten und endlich 3) als

---

[62] abgedruckt in der 'sammlung vermischter schriften zur beförderung der schönen wissenschaften und freien künste.' Berlin 1759—1763. bd. 2, 131—179 und 3, 1—69.
[63] werke 3, 56.
[64] Kawerau a. o. s. 167.

eine gröszere erziehungsanstalt in der hauptstadt, in welcher die 'gesittete' jugend zu ihren künftigen berufsgeschäften vorbereitet werden soll. in der letzteren sieht er die realschule, welche insbesondere den künftigen kaufmann und gewerbetreibenden heranzubilden bestimmt ist. es wird ein ausführlicher lehrplan mitgeteilt, der aber die alten sprachen naturgemäsz ausschlieszt. die letzteren fallen der gelehrten schule zu, welche neben der bürgerlichen schule bestehen solle, aber doch auch so, dasz teile des lehrplanes der bürgerlichen schule in den der gelehrten schule d. i. des gymnasiums eingeschoben werden.

So wies Resewitz zugleich auf eine reform des gymnasiums hin und traf damit den lieblingswunsch des ministers, der mit edler begeisterung die erneuerung des gymnasiums der reformationszeit auf dem boden des modernen humanismus anstrebte. zur ausführung seiner ideen hielt er keine anstalt für geeigneter als kloster Berge, und die verschmelzung seiner reformpläne mit den ansichten des auf dem gebiete der pädagogik so bewährten Resewitz muste notwendig die erhebung des klosterbergischen pädagogiums zu einer musteranstalt nach dem herzen des ministers herbeiführen. Resewitz folgte der berufung und wurde am 15 juni 1775 in sein neues amt eingeführt. er trat dasselbe sicherlich mit den besten vorsätzen an, aber die groszen hoffnungen, die man für die blüte der anstalt an seine berufung geknüpft hatte, giengen nicht in erfüllung. mancherlei umstände haben dazu mitgewirkt, dasz das pädagogium sich zu der gewünschten blüte nicht erhob, aber den grösten teil der schuld trägt unzweifelhaft Resewitz selbst, der die pädagogik mehr auf dem wege der theorie auszubauen bemüht war als auf dem der praxis, und in der dem papier anvertrauten instruction das unterpfand für die gute disciplin der schule sah. wenn jedoch das über die direction des abtes Resewitz von anderen gefällte urteil keineswegs günstig lautet, so hat die unparteiische geschichtschreibung alle momente zu prüfen, welche dazu geeignet sind, jenes urteil entweder zu bestätigen oder für unrichtig zu erklären. unter diesen umständen sind wir genötigt zunächst über die zwanzigjährige wirksamkeit des abtes auf grund der vorliegenden acten zu berichten.

Resewitz begann seine thätigkeit mit der abfassung einer ausführlichen 'nachricht von der gegenwärtigen einrichtung in unterricht, lehrart und erziehung auf dem paedagogio zu kloster Bergen', welche 1776 zu Magdeburg erschien.[65] sie enthält zunächst auf 14 seiten vorerinnerungen, dann folgt auf s. 15—26 der zweite abschnitt: 'von dem zweck und der allgemeinen verfassung dieser erziehungsanstalt.' hier wird deutlich die verbindung des gymnasiums und der realschule ausgesprochen: 'der zweck der anstalt ist nicht blosz dahin gerichtet, eigentlich studierende zum künftigen akade-

---

[65] wieder abgedruckt in Resewitz, gedanken zur verbesserung der öffentlichen erziehung. bd. 3. st. 1. 2. (1780) s. 16—188.

mischen unterricht gehörig vorzubereiten, sondern auch solche, die dereinst cameralisten, kaufleute oder officiere werden oder auch ihre eignen güter verwalten wollen, mit den vorkenntnissen zu versehen, die ihren geist bilden und sie zu ihrem vorhabenden geschäft tüchtig machen können.' die ferien beschränkten sich auf je 8—12 tage zu ostern und michaelis und eine woche zu pfingsten; im sommer wurde zuweilen ein halber oder ein ganzer tag der erholung zu einem spaziergang gewidmet. der 3e abschnitt (s. 27—46) handelt von der sittlichen erziehung insbesondere. die schüler werden nach ihrem sittlichen verhalten in gewisse ordnungen verteilt. die erste ordnung ist die der betrauten, welche sich durch ihr gesetztes wesen und durch ihr vernünftiges und gesittetes betragen das allgemeine zutrauen ihrer vorgesetzten erworben haben. in den erholungsstunden sind sie ihrer eignen willkür überlassen und genieszen die freiheit ohne aufsicht auszugehen und sich selbst in einem bestimmten cirkel zu regieren. in der zweiten ordnung sind die hoffnungsvollen, welche zwar noch jugendlichen leichtsinn und verführbare flatterhaftigkeit verraten, aber doch die hoffnung von sich machen, dasz sie wohl geraten und gesittet werden können. die niedrigste ordnung begreift die noch unreife jugend in sich, welche entweder ungebildet ist oder zu guten sitten und anständiger aufführung wenig äuszerung blicken läszt.

Eine derartige aufstellung von sittenclassen hat etwas sehr bedenkliches; sie verleitet die lehrer zur anwendung übertriebener nachsicht und milder beurteilung des sittlichen standpunktes der schüler, verführt den schüler zur selbsttäuschung oder verstellung usw. in der regel wurde die versetzung in die dritte classe als strafmittel angewandt, denn beim eintritt in die schule konnte die aufnahme des schülers in diese classe nicht stattfinden, wenn man nicht von vorn herein das ehrgefühl desselben verletzen und schädigen wollte. deshalb war für die neueintretenden eine sog. prüfungsclasse eingerichtet.

Die neuen schulgesetze, welche Resewitz mit groszer sorgfalt ausgearbeitet hatte, wurden am 19 september 1775 mit einer rede feierlich bekannt. sie bilden eine besondere abteilung des dritten abschnittes der 'nachricht' (s. 47—76), erschienen aber auch in einer besonderen ausgabe, in welcher als einleitung eine ansprache (auf 16 seiten) vorausgeschickt ist. indem Resewitz zunächst den alten satz 'legem brevem esse oportet' aufhob, glaubte er sein gewissen beruhigt zu haben, wenn er die nach 7 kategorieen und auf 64 paragraphen verteilten schulgesetze in den händen der schüler wuste, und hielt es für selbstverständlich, dasz die gesetze von ihnen beachtet und befolgt würden. die 7 abteilungen handeln von gottesdienstlichen übungen (§ 1—5), vom gehorsam gegen die vorgesetzten (§ 6—8), vom verhalten gegen die mitschüler (§ 9—12), von fleisz und aufmerksamkeit (§ 13—19), vom sittlichen verhalten (§ 20—30), von guter ordnung und schulpolizei (§ 31—52), von den strafen und belohnungen (§ 53—64). wir heben einzelnes heraus, um daran zu

zeigen, mit welcher gewissenhaftigkeit alle nur denkbaren fälle vor-
gesehen waren. 'wer eine gewohnheit daraus macht, den gottesdienst oder die morgen- und abendbetstunden zu versäumen, soll,
wenn die strafe der entziehung der erholungsstunden nichts fruchtet,
als ein gottvergessener unglücklicher mensch bezeichnet werden'
(§ 4). 'wer sich zum lügen gewöhnt, soll von der conferenz nach
befinden nicht allein bestraft, sondern auch seinen mitschülern als
ein mensch bekannt gemacht werden, der keinen glauben verdiene'
(§ 21). 'wer sich ungewaschen, ungekämmt und unreinlich darstellt,
soll den ganzen tag als ein schmutziger mensch besonders gesetzt
werden' (§ 22). 'wer zum zweiten male mit fremden schlüsseln oder
an fremden thüren betroffen wird, soll vor die conferenz gefordert
und nach befinden als ein verdächtiger mensch behandelt werden'
(§ 28). 'nach vollendung des halbjährigen examens soll die con-
duitenliste aller schüler, welche in der conferenz über ihren fleisz
und ihre sitten aufgesetzt worden und nächstdem auch nach hofe
eingesandt wird, zum ruhm der guten und fleiszigen und zum tadel
der trägen und schlechtgesinnten in der schule öffentlich bekannt
gemacht werden' (§ 62). 'bei wichtigen vergehungen sollen vier bis
sechs der verständigsten und untadelhaftesten jünglinge zur conferenz als beisitzer mit gezogen werden, welche die strafbarkeit der
that nach den gesetzen beurteilen und nach gesprochenem urteil
auch die freiheit haben sollen, ihre vorgeforderten mitschüler zu ent-
schuldigen und zu ihrem besten zu reden' (§ 63). 'endlich wird bei
hofe darauf angetragen werden, dasz den würdigen bei ihrem abschied vom kloster eine schaumünze zum gedächtnis und zeugnis
ihres fleiszes und ihrer guten sitten erteilt werde, welche nach dem
grade ihres wohlverhaltens gröszer oder kleiner sein soll' (§ 64).
Im vierten abschnitt (s. 77—142) wird die lehrmethode und
der unterricht behandelt. der didaktische teil dieses abschnittes gehörte offenbar nicht in die 'nachricht', aber es lag in der natur des
durch und durch doctrinären Resewitz, überall schematische anweisungen zu geben; galt der dritte abschnitt den schülern, so erhielten im vierten die lehrer ihre methodischen vorschriften, und den
ruhm sie erteilt zu haben, hatte Resewitz. im auszuge sind es folgende: man belege der jugend alles allgemeine mit beispielen; man
führe sie vom unbekannten zu dem schon bekannten zurück; man
ergreife den geringsten keim der idee, den sie von der vorgetragenen
sache haben; man frage viel; die frage musz nie ins allgemeine, sondern immer an ein einzelnes subject gerichtet sein; besonders musz
man das was erklärt und verstanden ist fragweise wiederholen;
was die schüler gut begriffen haben, setzen sie zu hause nach ihrer
fassung schriftlich auf; was beim unterricht auf das sittliche bezie-
hung hat, musz auf ihre eignen empfindungen und erfahrungen zu-
rückgeführt werden; man musz für den vortrag zu interessieren
wissen; man darf die jugend nicht durch den unterricht plagen. diese
methodischen grundsätze finden sich auch in der 'erziehung des bür-

gers' abschnitt 3, s. 20—61 mit der dem verfasser eigentümlichen breite ausgeführt.

In dem zweiten teil des vierten abschnittes wird von dem zu erteilenden unterrichte gehandelt. wir notieren nur die einzelnen unterrichtsfächer unter angabe der lehrbücher. a) die vier ordnungen in der religion benutzten die lehrbücher von Dietrichs entwurf der christlichen lehre, unterweisung zur glückseligkeit nach der lehre Jesu und dass. im auszug; die angehenden theologen benutzten Reccards theologische encyklopädie. b) in den mathematischen wissenschaften bestanden fünf ordnungen: die unterste arithmetisch-mathematische benutzte die drei ersten bücher von Schmids rechenkunst, die geometrische prüfungsclasse einen auszug aus Clemms lehrbuch, die zweite rechenclasse Schmids rechenkunst buch 4—7, die erste arithmetische ordnung behandelte die übrigen hauptstücke von Schmids rechenkunst, die historisch-mathematische classe behandelte unter benutzung von Clemms lehrbuch teil 2 mechanische, astronomische und architektonische wissenschaften; c) in der naturkunde Büschings unterricht in der naturgeschichte und Bergmanns lehrbuch; d) in den übungen des verstandes und in der philosophie Sulzers vorübungen und Feders grundrisz der philosophie; e) bildung des stils und übungen zur beredsamkeit; f) in den historischen wissenschaften Lorenz, anleitung zur universalhistorie, Köster, geschichte der europäischen staaten und Putters grundrisz der reichshistorie; g) in den sprachen α) für latein bestanden sechs statarische ordnungen (1. 2. Millers chrestomathie, 3. Nepos und Eutrop, 4—6. Fischeri historiae selectae, Cic. orationes selectae, Cic. de or., Verg. Aen., Curtius, Ovid. metam., Sallust, Sueton, Livius, Horatius), β) für griechisch deren vier (Millers griech. grammatik, novum testamentum oder tabula Cebetis, Lucians ausgewählte gespräche, Xenophons Cyropädie und Homer, γ) für hebräisch in drei ordnungen Vogels anfangsgründe der hebr. sprache, δ) für französisch in fünf ordnungen (1. la vie des princes illustres, 2. le voyage de Cyrus, 3. Menschings bibliotheque choisie, 4. les contes de Marmontel), ε) englisch. h) zu den künsten und leibesübungen gehörten kalligraphie, musik, zeichnen, tanzen in einer sog. conduitenlection bei einem ausdrücklich dazu besoldeten tanzmeister, reitkunst beim stallmeister des pädagogiums auf einer eigens angelegten reitbahn.

Der 5e abschnitt (s. 143—151) handelt von den kosten, der 6e (s. 152—164) gibt ein verzeichnis der lectionen. die lectionen währten im sommer von $^1/_2$8—11, im winter $^1/_2$9—12, nachmittags 2—5 auszer mittwoch und sonnabend.

Das lehrercollegium bestand 1776 aus 4 oberlehrern (rector Jonä, prediger Reccard, Mönnich und Lorenz), 13 präceptoren, 2 französischen sprachmeistern, einem tanz- und zeichenmeister. der oberlehrer Johann Friedrich Lorenz[66], geboren 20 nov. 1737

---

[66] in der allg. deutschen biographie 19, 180 ist die wichtigste quelle für Lorenz' leben und schriften nicht benutzt: 'Joh. Friedr. Lorenz,

zu Halle, vorgebildet auf dem dortigen waisenhause, studierte seit
ostern 1754 in Halle, wurde 1763 lehrer am waisenhause in Halle,
1769 am altstädtischen gymnasium zu Magdeburg, 1772 rector in
Burg, 1775 oberlehrer in kloster Berge, zunächst lehrer der geschichte und philosophie, seit 1779 lehrer der mathematik, physik
und naturwissenschaften, versah mit Gurlitt die rectoratsgeschäfte,
wurde 1796 professor und trat 1806 in den ruhestand. er starb am
16 juni 1807. bewährt als tüchtiger schulmann, übersetzer des
Euklid und verfasser mehrerer mathematischer und naturwissen-
schaftlicher lehrbücher, hat er dem kloster in seiner dreiszigjährigen
lehrerthätigkeit die wesentlichsten dienste geleistet. unter den präceptoren haben sich G o t t f r i e d G r o s s e und A u g u s t C h r i s t i a n
B o r h e c k [67] auf wissenschaftlichem gebiete versucht. der erstere,
ein mitarbeiter an der von Resewitz herausgegebenen pädagogischen
vierteljahrsschrift, die wir noch näher besprechen werden, und zugleich ein fleisziger übersetzer der werke des älteren Plinius, Catos
und Varros de re rustica, Livius u. a., wurde 1781 pastor in Calenberge. Borheck, seit 1 märz 1776 bis ostern 1778 als lehrer am
kloster Berge thätig, vorher rector in Zellerfeld, verfaszte eine
schrift 'vom unterricht in der erdbeschreibung und geschichte'
(Magdeburg und Cöthen 1777. 40 s. 8.) und 'klosterbergische vorlesungen über einige Anakreontische lieder' Magdeburg 1778—1781
stück 1—9, von denen die beiden ersten in kloster Berge entstanden — das zweite dem abte Resewitz gewidmete stück schrieb er bei
niederlegung seines klosterbergischen amtes im j. 1778, wo er rector
des combinierten stadtlyceums in Salzwedel wurde.

Eine hervorragende stellung nahm der lehrer F r i e d r i c h
S c h m i t aus Nürnberg ein, der für den unterricht in der englischen
und italienischen sprache und litteratur angestellt war. unter den
hohen rüsterngewölben des 'poetenganges', einer langen baumgruppe
in der nähe des klosters, so schreibt sein schüler Matthisson [68], dichtete
er seine schönsten lieder an Stella, welche die Göttinger musen-
almanache veröffentlichten. diese schwärmerischen ergüsse eines
tiefen und innigen gefühles im geiste Petrarcas, noch mehr aber
die freundliche aufmunterung ihres humanen verfassers fachten in
dem jungen Matthisson die liebe zur dichtkunst an. aus jener zeit
stammt das von mehreren tonkünstlern in musik gesetzte lied 'die
betende.' auch metrische übersetzungen aus Horaz und Anakreon
wagte der klosterbergische schüler. von den letzteren liesz Borheck in
den eben genannten vorlesungen über Anakreons lieder einige drucken.

weil. professor und oberlehrer am pädagogium zu kloster Berge. eine
biographische skizze von J. F. W. Koch.' Magdeburg 1807. 34 s. 8
(programm des pädagogiums zu kloster Berge).
   [67] allg. deutsche biographie 3, 159. er sandte am 27 december
1796 an Schiller die übersetzung eines dramas des ältesten tragikers
(Aeschylus?) zur aufnahme in die 'Horen'; der beitrag wurde nicht aufgenommen. Urlichs, briefe an Schiller s. 273 nr. 165.
   [68] Fr. v. Matthissons litterarischer nachlasz 1, 252.

Um diese zeit (1775) war es, wo Herder für Matthias Claudius eine stelle suchte und deshalb bei Gleim anfragte. dieser antwortete: 'eigentlich weisz ich jetzt von keiner als von einer auf dem kloster Berge. Resewitz sagte mir, er suche einen lehrer des französischen, aber nur 200 thlr. und freie stelle könnte er ihm geben. ob dieser lehrer eine frau haben darf, das weisz ich noch nicht.'[69]

Der junge Matthisson erlebte die einführung des neuen abtes und die ersten fünf jahre seiner direction. er spricht von dem schroffen despotismus, mit welchem Resewitz die mehrzahl der lehrer, und von der parteiischen nachsicht, mit welcher er manche schüler behandelte. so kam es, dasz Friedrich Schmit und andere wackere männer ihren abschied nahmen. auch der seit dem 20 aug. 1777 dem lehrercollegium angehörende Christian Gottlieb Perschke aus Insterburg, den Heyne in Göttingen zu seinen vorzüglichsten schülern zählte, ein mann von vielseitiger, besonders philologischer gelehrsamkeit, feinem geschmack, rastlosem fortstreben und feuriger einbildungskraft, verliesz schon anfangs 1779 kloster Berge, nachdem er mit Resewitz in streitigkeiten verwickelt wurde, die einen sehr ernsthaften charakter annahmen. den anlasz dazu gab, wie Matthisson berichtet[70], der umstand, dasz der junge Hedemann seinen zopf entfernt hatte. eine mit seinen freunden Matthisson und Rosenfeld unternommene reise zum philanthropin Basedows in Dessau hatte ihn mit der neuen sitte der entfernung des zopfes bekannt gemacht. der abt erklärte diesen schritt für eine eigenmächtige neuerung und brach gegen Perschke, den er einen freund und anhänger der philanthropischen schwindler nannte, darüber in die bittersten schmähungen aus. da dieser stürmischen scene bald eine noch stürmischere folgte, so hielt es Perschke für das geratenste der übermacht aus dem wege zu gehen und verliesz die anstalt, wo nach solchen vorgängen, wie mit sicherheit vorauszubestimmen war, ihm durch andere und anderen durch ihn kein heil mehr gedeihen konnte. er lebte nun als privatgelehrter in Magdeburg, bis der graf Burghaus ihn unter vorteilhaften bedingungen zum oberprediger für seine standesherrschaft Sulau in Niederschlesien ernannte. 1783 wurde er prediger in Weiszig am Bober, wo er am 16 april 1808 starb.

In auffallender weise verminderte sich die roheit und verwilderung, welche sich bis dahin im äuszern verhalten der schüler gezeigt hatte, allein Matthisson meint, dies sei nicht die folge der lehren des katheders oder des beispieles im lehrerkreise gewesen, sondern eine folge der drei romane 'Werther', 'Siegwart' und 'Sophiens reise', deren lesung zur tagesordnung gehörte und eine merkwürdige sittenreform hervorbrachte. die schlägereien nahmen ab, der geheimen spielgesellschaften wurden weniger, die zuchtlosen bücher, welche perückenmachergesellen aus leihbibliotheken mitbrachten,

---

[69] W. Herbst, Matth. Claudius. Gotha 1863. 3. aufl. s. 150.
[70] a. o. s. 263.

fanden keinen eingang mehr, das verhalten gegen die vorgesetzten
erhielt eine art von geschliffenheit, und von insolenzen gegen diese
geplagten männer war keine rede mehr. als der ehrwürdige abt
Jerusalem gerade in dieser seltsamen romanperiode mit seinen
töchtern der familie des abtes Resewitz einen besuch machte, lief
die kunde davon sogleich von zimmer zu zimmer und bald hörte
man überall die frage: 'hast du schon die schwestern Werthers gesehen?' nur von fern sie erblickt zu haben galt für ein beneidens-
wertes und unvergeszliches glück.

Jedenfalls waren nicht alle zöglinge des pädagogiums von so
idealer natur als Matthisson und er mag zu den ausnahmen gehört
haben; die meisten schüler der obern classen werden wohl nach wie
vor trotz der Resewitzschen schulgesetze ihr freies ungebundenes
leben in studentischer art geführt haben. mindestens unverständ-
lich wäre dann, warum die den besuch der gasthäuser usw. betreffende cabinetsordre vom 8 juni 1776 an die regierung und das
consistorium zu Magdeburg erlassen worden ist. nach dieser sollen
alle in der stadt und vorstadt wohnenden besitzer von billards,
schenk-, kaffee- und weinhäusern oder wie sie sonst heiszen mögen,
verwarnt werden scholaren des pädagogiums unter irgendwelchem
vorwande aufzunehmen, viel minder ihnen das geringste von dem
was sie verschenken gegen bezahlung oder auf borg zu reichen,
im übertretungsfall aber empfindliche strafe zu gewärtigen haben.
desgleichen soll 2) in der stadt und den vorstädten auf die zweck-
mäszigste art allen einwohnern, wes standes sie seien, bekannt
gemacht werden, keinem pädagogisten etwas was er zum ver-
kauf anbieten möchte abzukaufen oder auf effecten ihm etwas
zu leihen, in maszen die übertreter dieses verbotes nicht nur mit
verlust des pfandstückes bestraft, sondern auch zur bezahlung des
dupli des wertes nach der taxe condemniert und auszerdem noch
mit nachdrücklicher strafe angesehen werden sollen, wobei den
überführten käufern und pfandnehmern die ausflucht nicht zu statten
kommen darf, dasz sie den pädagogisten nicht als solchen gekannt,
indem sie allemal sehen können, dasz es ein junger mensch sei, der
kein recht seine geräte oder kleidungsstücke zu verkaufen oder zu
versetzen habe. weil aber 3) dergleichen unerlaubte negotia meisten-
teils durch mittelspersonen betrieben werden, so ist bekannt zu
machen, dasz gegen diejenigen, welche sich beigehen lassen einem
pädagogisten etwas zu vertrödeln, nach den ad 2) bestimmten strafen verfahren werden soll. die regierung erliesz nun unterm 27 juni
1776 an den magistrat zu Magdeburg folgende verfügung: 'was
wir an unsere hiesige regierung und consistorium zur herstellung
der ehemals blühenden erziehungsanstalt auf dem paedagogio des
klosters Berge und vorbeugung aller ausschweifungen der scholaren
unter dem 8 d. m. rescribiert und dieserhalb zu verfügen befohlen
haben, solches werdet ihr aus dem copeilich anliegenden extract mit
mehrerem zu ersehen haben, und befehle ich zugleich in gnaden,

euch hiernach eurerseits auf das genauste zu achten. auch habt ihr
dem vom kloster angenommenen peruquier anzudeuten, dasz er von
nun an schlechterdings für die facta seiner im kloster frisierenden
leute hafte und werde er nicht nur angehalten werden den verlust,
welchen dieselben durch ihre strafbaren negotia mit den jungen
leuten verursachen würden, ex propriis zu ersetzen, sondern auch,
falls ihm in der wahl seiner gesellen etwas zur last fällt, mit besonderer geldbusze oder sonstiger arbitrairen strafe nachdrücklich angesehen werden. nicht weniger werdet ihr gemessenst erinnert, wenn
fälle dieser art vorkommen sollten, sowie in allen in der anlage be-
nannten contraventionen bei der untersuchung und bestrafung mit
äuszerster rigueur zu verfahren. v. Alvensleben.'[71] der magistrat
nahm die sache sehr ernst: er citierte am 12 juli sämtliche schenk-
wirte und verhandelte am 15 d. m. mit dem perückenmacher Weise.[72]

Zu ostern 1778 wurde Johannes Gottfried Gurlitt[73],
damals vierundzwanzigjährig, von Resewitz an die anstalt berufen.
er erhielt den titel oberlehrer und als der rector Jonä 1779 aus-
schied, um die propststelle in Crossen zu übernehmen, übertrug
Resewitz Lorenz und ihm als den beiden geschicktesten lehrern der
anstalt die gemeinschaftliche verwaltung des rectorats. 'achtzehn
jahre lang hat dieses verhältnis bei der stets ungetrübten freundschaft der beiden männer glücklich bestanden; der zuerst eingerichtete wöchentliche wechsel der direction wich bald einem wirklichen
condominate.'[74] am 1 november 1786 trat Gurlitt in den convent und
1797 wurde er zum zweiten director der schule ernannt, welche stelle
er bis zu seiner berufung an das Johanneum zu Hamburg (mich.
1802) versah. in Gurlitts hand wurde der philologische unterricht
der oberen classen gelegt und bei seinen gründlichen kenntnissen,
seiner umfassenden gelehrsamkeit, wäre sein einflusz auf die günstige
entwicklung der schule noch wirksamer und intensiver gewesen,
wenn nicht fortgesetzte streitigkeiten mit dem abte, von denen
wir später reden werden, seine wirksamkeit erheblich gehemmt
hätten.

Schon in der eigenmächtigen aufhebung des rectorates durch
Resewitz muste man einen willkürlichen schritt erblicken; es ge-

---

[71] acten des stadtarchivs zu Magdeburg.

[72] Lorenz rechnete, als er bei gelegenheit der amtlichen untersuchung
des klosters 1794 zu einem gutachten über die ursachen des verfalls der
schule aufgefordert wurde, zu diesen jenes allerhöchste rescript vom
8 juni 1776, das an den abt infolge bemerkter unordnungen gerichtet war;
zugleich hätten die an die königliche regierung und den magistrat der
stadt ergangenen besondern anweisungen, durch welche das ansehen
des directors und der gute ruf der schule zu wenig geschont war, ein
gar zu groszes aufsehen erregt, welches der sache eine viel schlimmere
gestalt gegeben, als sie wirklich gehabt, und sich weit in das ausland
verbreitet habe.

[73] allg. deutsche biographie 10, 182—185.

[74] R. Hoche im programm der gelehrtenschule des Johanneums zu
Hamburg. 1878. s. 24.

schahen aber noch mehr acte, die eigentlich nur mit genehmigung des convents ausgeführt werden durften. zwar liesz Resewitz am 10 januar 1777 den convent (er bestand aus dem rector Jonä, Reccard, Mönnich und Lorenz) die einführung der halbjährigen privatexamina der einzelnen classen vor dem gesamten lehrercollegium an stelle der schon seit 1750 aufgehobenen öffentlichen prüfungen beschlieszen, allein er inhibierte willkürlich die veröffentlichung der jährlichen schulprogramme, so dasz in der zeit von mich 1775 bis zu seinem rücktritt von der direction der schule keinerlei programme der schule, die wesentliche beiträge zur geschichte der schule geliefert haben würden, erschienen sind. aber er liesz es zu, dasz er selbst an seinem geburtstage sowohl von lehrern als von schülern beglückwünscht wurde. so begrüszte ihn der schon genannte Aug. Christian Borheck zum 9 märz 1776 mit einer schrift 'observationes criticophilologicae in sex Aeschyli et Sophoclis locos difficiliores' (8 s. 4), in welcher er zugleich für die übertragung des amtes als professor der lat. und griech. sprache dankt und in welcher Resewitz' leitung in prunkvoller weise also gerühmt wird: 'sub Resewitzio Bergensia redeunt Saturnia regna.' ebenso beglückwünschten den abt zu seinem 50n geburtstage am 9 märz 1779 'die sämtlichen (56) studierenden des klosterbergischen instituts' mit einer ode, desgleichen zum 56n am 9 märz 1785 mit einer cantate und in folgendem jahre begrüszte ihn Gurlitt mit einer 'scriptiuncula de utilitate ex poetarum, inprimis veterum, iusta lectione capienda' (28 s. 4) und fügte dazu den glückwunsch der 36 alumnen der schule. auf 36 war also die zahl der schüler in einem zeitraum von zehn jahren herabgesunken. noch im jahre 1776 betrug sie 107, dann sank sie stufenweis von 81 auf 71, 59, 50, 43, 42, 40, 28 und stieg von 1786 an wieder auf 33. endlich stellte Resewitz eigenmächtig alle öffentlichen schulfeierlichkeiten ein, lediglich deswegen weil während der vacanz eine sehr unsittliche komödie 'der hofmeister' aufgeführt worden war, was mehrere eltern veranlaszt hatte, ihre söhne sofort von der anstalt zu nehmen.

Die reformbestrebungen des ministers v. Zedlitz fanden auch im kloster Berge eingang und es ist nur teilweise richtig, wenn C. Rethwisch[75] sagt, es habe daselbst im jahr 1779 keiner allgemeineren umgestaltung bedurft. zwar befand sich die lehrverfassung im wesentlichen schon in übereinstimmung mit den neuen forderungen, allein trotzdem ergieng an den abt das königliche rescript vom 8 februar 1780 mit der aufgabe, vorschläge betreffs einer neuen einrichtung nach den im rescript angegebenen gesichtspunkten zu machen. das rescript lautet: 'es ist bereits bekannt genug, dasz wir allerhöchstselbst verlangt, dasz alle diejenigen, welche die schulen besuchen und sich, es sei zum landleben oder irgend einer civilbedienung bestimmen, die lateinische und griechische sprache emsig

---

[75] C. Rethwisch, der staatsminister freiherr v. Zedlitz usw. s. 165.

treiben, auf logik und bildung des stils mehr fleisz verwenden und auch die muttersprache nach regeln versteben, die lehrer aber sich überall nach den regeln des Quintilian richten sollen. diese einrichtung wird auch mit sehr gutem erfolge im Joachimsthalschen gymnasium betrieben und da Magdeburg von uns höchstselbst als einer der örter genannt worden, wo eine gleiche einrichtung getroffen werden soll, so befehlen wir euch zuvörderst ein verzeichnis der dortigen lectionen einzuschicken und dabei sowohl den lehrer als auch das compendium oder den autor, der tractiert wird, anzuzeigen und allenfalls vorschläge zu thun, wie diese unsere willensmeinung am besten erfüllt werden kann.'[76]

Abt Resewitz kam diesem befehl nach, indem er in einem bericht vom 24 februar 1780 sich über die verlangten vier punkte ausführlich aussprach. in betreff der lateinischen und griechischen sprache bemerkt er, dasz diese wohl natürlicherweise nicht mehr so emsig als in früheren zeiten auf schulen getrieben werden könnten. sonst habe die jugend längere zeit auf schulen verweilt und sei fast einzig und allein in den alten sprachen beschäftigt worden. jetzt eile sie sobald als möglich von den schulen hinweg und solle doch auszer den alten zur erlernung einiger neueren sprachen und zu verschiedenen anderen kenntnissen, die zum künftigen bürgerlichen berufe notwendig seien, angeleitet werden. eins müsse da freilich das andere verdrängen. indessen könne doch auf den meisten schulen lateinisch und griechisch noch genug erlernt werden: es komme nur auf das genie und den eignen geschmack des lehrers an, ob er den geist und sinn der alten selbst hinlänglich fassen und seinen schülern zweckmäszig darlegen könne. dringe er selbst in den geist der alten ein, so werde er auch seine schüler damit vertraut machen; sei er es aber nicht, so würden regeln und vorschriften wenig bei ihm ausrichten; er werde seine schüler mit der schale beschäftigen und den kern liegen lassen. der inhalt der meisten alten schriftsteller sei auch nur für männer oder wenigstens nur für schon gebildete jünglinge; der knabe könne aus ihnen nur mit dem mechanischen teil ihrer sprache bekannt gemacht werden: bringe er es als jüngling noch dahin, dasz er von ihren feinen und treffenden gedanken einen vorgeschmack erhalte und eine vorliebe für ihre weisheit und ihren geist mitnehme, so sei auf schulen genug für ihn geschehen. nun trete aber erst die gröste schwierigkeit ein, die das gedeihen aus der begonnenen lesung der alten verhindere. das studium derselben werde auf verschiedenen akademien nicht fortgesetzt und der wachsende und reifer werdende geist nicht weiter aus ihnen gebildet. da solle so viel und so vielerlei für die künftige bestimmung erlernt werden, dasz man weder zeit noch neigung behalte die alten weiter zu studieren. und doch werde die akademische laufbahn nicht verlängert, sondern verkürzt. die meisten studierenden eilten teils

---

[76] acten des geheimen staatsarchivs zu Berlin.

aus dürftigkeit teils aus begierde bald in die reihe zu einem bürgerlichen amte zu treten so schnell als möglich von der universität hinweg und schränkten sich notdürftig genug nur auf dasjenige ein, was zu
ihrem künftigen gelehrten gewerbe unentbehrlich sei. sie sähen und
hörten es überdies auch von jugend auf, dasz zum fortkommen in
ihrer bestimmung nicht auf kenntnis der alten, sondern des amts-
schlendrians geachtet werde; darum setze der junge mensch die alten
gern aus den augen, halte sie nach dem herschenden ton der welt
für schulkram und werfe sie beiseite. nur wenige blieben dann übrig,
welche entweder aus einigem geschmack oder aus neigung zum schulleben das studium der alten fortsetzten und als männer pflegten, und
auch von diesen wenigen gerieten nicht alle. könnten diese schwierigkeiten gehoben werden, so würde das lesen der alten auf die
bildung des geistes bei unserm gegenwärtigen geschlecht mehr einflusz haben, es bliebe aber doch die frage übrig, ob nicht andere
kenntnisse, die unseren zeiten zum bedürfnis geworden sind, dabei
leiden würden.

Von der logik wünschte Resewitz nur die ersten grundsätze zum
richtigen gebrauch des verstandes auf schulen gelehrt zu sehen ; auf
universitäten hören junge leute logik noch genug, und oft nur zu
sehr mit scholastischen subtilitäten und mit psychologischem tiefsinn
verbrämt. aber wenn in schulen eine in kurze regeln gefaszte anweisung gegeben würde, wie man seine geisteskräfte gebrauchen
solle, dinge recht zu fassen und zu beurteilen, seine gedanken deutlich auszudrücken, den sinn eines schriftstellers zu finden, wahrheit
und glaubwürdigkeit zu erkennen usw., welche demnächst vom lehrer
durch beispiele erläutert werden müsten, so würde dies zur bildung
des verstandes viel beitragen. aber es fehle an einer solchen anweisung und so etwas gemeinnütziges zu schreiben sei entweder zu
schwer oder scheine zu gering zu sein. logik lerne auch die jugend
praktisch: durch mathematische übung und durch aufsuchung des
richtigen und treuen sinnes bei der übersetzung des fremdsprach-
lichen schriftstellers.

Die bildung des stils und der rechte gebrauch der muttersprache
sei ein wesentliches stück zur aufklärung und berichtigung des gesunden verstandes. denn wer über sein geschäft nicht deutlich und
richtig schreiben könne, der habe auch keinen hellen und bestimmten
begriff von demselben. wer in der jugend gewöhnt werde fleiszig
niederzuschreiben, was er in seinen gesichtskreis gefaszt habe, der
lerne seine sache recht verstehen und zugleich auch gut schreiben,
zumal wenn seine aufsätze nachher räsonnierend geprüft und ver-
bessert würden. aber zweckmäszige theoretische anweisungen habe
man dazu nicht, und ohne sie sei es schwer lehrer und zöglinge in
das rechte geleise zu bringen, damit sie nicht entweder in ein em-
pfindliches geschwätz oder in schlaffe und regellose übungen ausschweifen. eine kurze anweisung dieser art, wenigstens für anfänger,
habe ihm selbst so am herzen gelegen, dasz er auf ihre ausarbeitung

einen kleinen preis gesetzt habe, wenn dergleichen preise etwas be-
wirken könnten.[77]

In betreff des Quintilian äuszerte sich Resewitz dahin, dasz er
wohl ein vortrefflicher schriftsteller sei, aber er habe für Rom geschrieben und seine regeln und anweisungen seien nur für die verfassung des römischen staates und für das genie der lateinischen
sprache brauchbar gewesen. manchem lehrer sei er daher schwer
zu verstehen; noch schwerer wisse er ihn auf unsere sprache und auf
unsere gegenwärtigen bedürfnisse anzuwenden; selbst Ernesti in
seinen initia habe dies nicht vermocht. aus dieser ursache müsten
auch seine anweisungen dem schüler minder begreiflich sein und
minder brauchbar und interessant vorkommen. aber ein auszug
der allgemeinen und noch jetzt brauchbaren regeln des Quintilian
mit hinzugefügter anwendung derselben auf unsere muttersprache
und auf die verschiedenen bestimmungen unserer verfassung würde
ein treffliches werk sein, worin auf akademien sowie in einer elemen-
tarischen abkürzung desselben auf schulen gelesen werden müste,
wenn man es sich einen ernst sein lassen wollte, die bildung des
verstandes, der denkungsart und des stiles bei dem heranwachsenden
geschlecht zu befördern. Resewitz schlieszt seine 'freimütigen gedanken', mit denen er seinen 'patriotischen eifer und die schuldige
folgsamkeit darlegen' wollte, mit den worten: 'Quintilian der Römer
ist für unsere zeiten ein fremder: wir sollten unsern eignen Quintilian haben.'

Das cabinet erwiderte darauf am 15 märz 1780, es sei ein fehler,
dasz auf dem pädagogium der unterricht im griechischen nicht für
alle obligatorisch sei, denn ohne ausnahme müsten alle, die zum akademischen studium bestimmt seien, griechisch lernen, ausländer und
landeskinder. auch könne man den übrigen, die das eigentliche studium nicht zum hauptzwecke hätten, zu dieser sprache lust machen
teils durch die leichte methode des unterrichtes, teils durch der wahrheit gemäsze anpreisung, teils durch die einmal so getroffene einrichtung, dasz solche stunden nicht versäumt werden könnten. ferner
wurde getadelt, dasz die lateinische sprache nicht von allen schülern
erlernt werde. das klosterbergische pädagogium solle ein höheres
gymnasium, eine zur akademie vorbereitende anstalt sein, mehr als
ein philanthropin, in welchem auch künftige kaufleute und officiere
usw. ihre bildung erlangen könnten. wegen des zu frühen besuches
der universität hoffte man andere einrichtungen zu treffen, ebenso
wegen des frühzeitigen verlassens derselben, zumal da schon bekannt
gemacht sei, dasz minderjährige leute überhaupt nicht zu ämtern zugelassen werden sollten. ferner wird anerkannt, dasz logik lieber
praktisch als zu künstlich zu treiben sei. auch wurde gebilligt, was
Resewitz von der bildung des stiles und der anleitung zur mutter-

---

[77] diese aufgabe war in den 'gedanken .. zur verbesserung der
öffentlichen erziehung' bd. 2 st. 3 s. 124—127 bekannt gemacht. die
frist der einlieferung der preisarbeiten lief mit dem 1 märz 1780 ab.

sprache angeführt habe; es sei zu hoffen, dasz mit der zeit anweisungen dazu würden geschrieben werden; sei doch bereits durch diese einrichtung Adelung angeregt worden, eine grammatik zu schreiben. die von Resewitz vorgetragene ansicht über Quintilian fand den ungeteilten beifall des cabinets: 'Quintilian, bemerkt ihr ganz richtig, ist jetzt nicht mehr so ganz brauchbar.' auch der von Resewitz eingesandte lehrplan wurde einer genauen beurteilung unterworfen. 1) theologie. 'wir setzen voraus, dasz in den untersten classen der unterricht möglichst faszlich sinnlich und leicht gemacht werde, z. b. durch fragen, durch erklärungen aus der naturgeschichte, dem gemeinen leben' usw. 2) philosophie. in der 1n classe sollen vier. Platonische gespräche (entweder im original oder in der übersetzung) und Engels methodik gebraucht, in der untersten nach Basedows kupfertafeln gelehrt werden. 3) oratorie. in der 1n classe sind die beispiele vorzüglich aus den alten classikern zu nehmen und dabei der Quintilian zu gebrauchen. 4) geschichte. für die untern classen wird die analytische methode empfohlen, so dasz die schüler von einzelnen factis ausgehen und allmählich zum allgemeinen system einer weltgeschichte emporsteigen. zu anfang ist chronologie der facta ausgeschlossen. nach der ersten vorbereitung behandlung eines einzelnen staates, am besten des vaterländischen. getadelt wird der mangel des vortrags der universalgeschichte in den oberen classen, da gerade dieses studium sich für den schon reifer denkenden kopf eigne. ferner wird ein eigner cursus der alten geschichte (der Egypter, Phönicier, Perser, Griechen, Römer) in den oberen classen für notwendig zum verständnis der alten schriftsteller erachtet. wenn die zeit mangelt, so musz der cursus auf einen halbjährigen beschränkt werden. 5) naturgeschichte. es wird lobend anerkannt, dasz für den sommer zwei botanische lectionen für die anleitung zur theoretischen und praktischen kenntnis des pflanzenreiches nach dem Linnéschen system im lehrplan angesetzt sind. es ist jedoch wünschenswert, dasz dabei das ökonomische vorzugsweise genutzt werde, und zwar nach Beckmanns grundsätzen der deutschen landwirtschaft. für den unterricht im wintersemester wurde Beckmanns technologie oder die beiden anderen teile der naturgeschichte angeordnet. 6) geographie. neben den zwei wöchentlichen geographischen stunden in 3 classen waren noch je zwei auszerordentliche stunden festgesetzt, und zwar in I beschreibung der handlung der vornehmsten europäischen staaten nebst anfangsgründen der handelswissenschaft. es wurde für diesen unterricht in I Struensees entwurf, in II Büschings vorbereitung oder der von Albaun vermehrte Beausobre eingeführt. endlich wurde daran erinnert, dasz statistik für alle classen nicht zu versäumen sei. 7) latein und griechisch. es wurde bemerkt, dasz Tacitus statarisch in I, Livius cursorisch in II zu lesen sei, nicht umgekehrt. für das griechische hatte der lehrplan angesetzt: I Homer Ilias (2 st.) und comb. mit IIa Odyssee (1 st.), II Theophrast charaktere (2 st.), III Aesopi fabulae et selecta capita

graeca. es wurde noch hinzugefügt: für III Xenophon und Lucian,
für II und I Anakreon, einige stücke des Plato und mehr dichter
als der blosze Homer. schon waren zur freude des ministers an die
stelle des neuen testamentes die groszen alten getreten, aber noch
schien ihm die zahl der unterrichtsstunden zu gering, er wollte sie
verdoppeln oder verdreifachen, 'besonders da blosz eine ausgewählte
schar von künftig studierenden diese sprache treibt, so sollten sie
dieselbe gründlich treiben.' nun folgt die niederschlagende bemerkung, es sei auf den universitäten beobachtet worden, dasz die von
kloster Berge kommenden studierenden in humanioribus zum wei-
testen zurückstehen. endlich müsse zu diesen sprachstudien auch
noch alte geschichte, alte geographie, antiquitäten, archäologie usw.
getrieben werden. für archäologie war übrigens gesorgt, denn
Gurlitt lehrte in 2 st. nach Ernestis archäologie und Lipperts dakty-
liothek.

Das königliche rescript schliesz mit der mahnung, dasz der abt
nach diesen bemerkungen und vorschriften den neuen lectionsplan
fördersamst einzurichten und hiernach mit dem anfang der neuen
lectionen den unterricht im pädagogium einzuführen, auch wie
solches geschehen zu berichten habe. 'wobei wir nicht unangeführt
lassen wollen, dasz wir höchstselbst auf die befolgung dieser vorschriften unser augenmerk zu richten uns ausdrücklich erklärt und
auch durch fleiszige revision der schulen diese einrichtung aufrecht
zu erhalten befohlen haben.'[78]

So sollte denn des unterrichtsministers v. Zedlitz pädagogische
reform auch in kloster Berge zur ausführung gelangen. wie sehr es
dem abte Resewitz mit der neuen einrichtung ernst war, zeigt die
'zweite nachricht von der gegenwärtigen einrichtung .. auf dem
paedagogio zu kloster Berge', die 1783 zu Berlin erschien[79] und
wesentliche abweichungen von der ersten 1776 erschienenen auf-
weist. Engels methodik war eingeführt, in den händen des lehrers
befand sich für die deutschen stunden ('bildung des stils und anweisung in der beredsamkeit') Villaume und Tamm 'über die methode
junge leute anzuführen und zu üben, wie sie ihre gedanken schriftlich ausdrücken sollen' und Henkes lehrbuch der schönen wissenschaften aus dem Quintilian. inzwischen war Docens einleitung zur
europäischen staatskunde erschienen, welche in der geschichtslection
der I gebraucht wurde. die für technologie und geschichte der handlung empfohlenen bücher von Beckmann und Struensee waren ebenfalls eingeführt. für den griechischen unterricht war die lectüre um-
fangreicher und für die angehenden theologen wurde der unterricht
an das griech. N. T. angeschlossen.

Allmählich fieng auch die presse an, sich mit den klosterbergischen zuständen zu beschäftigen. Friedrich Schulz veröffentlichte

[78] acten des geheimen staatsarchivs zu Berlin.
[79] wieder abgedruckt in Resewitz, gedanken usw. zur verbesserung
der öffentlichen erziehung. bd. 4. (1783.) st. 3 u. 4. s. 1—156.

in Wielands 'deutschem Merkur' 1784 und 1785 in seinen 'kleinen wanderungen durch Deutschland in briefen an den doctor K.' mehrere briefe über Magdeburg, wobei er auch kloster Berge erwähnt. er sagt: 'die schule hat einen sehr denkenden director und einige sehr geschickte lehrer — wenn sie aber auch schüler hätte! seit Resewitz' direction hat sich ihre anzahl unbegreiflich vermindert, aber gewis nicht blosz durch seine schuld. als er hierher kam, war der studententon unter den schülern sehr stark eingerissen. Resewitz sah ein, wie unendlich schädlich er der gelehrsamkeit ist, und suchte ihn zu vertilgen. aber er gieng dabei vielleicht zu hitzig zu werke, begegnete einigen schülern von stande nicht so höflich, als sie es von dem vorigen director gewohnt waren, und es entstand eine art von rebellion unter den unbesonnenen jungen leuten, die zuletzt dahin ausschlug, dasz in wenig tagen an dreiszig der grösten schüler das kloster verlieszen und andere schulen bezogen. seit der zeit hat sich die zahl immerfort vermindert, so dasz jetzt fast so viel lehrer als schüler da sind. Resewitz' feinde triumphieren und werfen mit bitteren seitenhieben über unterschied der theorie und praxis um sich. und kränkend ist es vollends, wenn man sieht, dasz die lehrer unter der hand mit den schülern partei wider den director nehmen. Resewitz war glücklicher in Kopenhagen ohne titel, als in kloster Berge, wo hinter seinem namen abt, consistorialrat und generalsuperintendent des herzogtums Magdeburg paradiert. ich habe ihn gesehen, und sein anblick hat mich unbeschreiblich gerührt. es war die miene des groszen mannes, der sich fühlt, aber verkannt wird und sich bestrebt, seine befleckte würde gegen sich selbst zu verteidigen. der beste charakter wird durch wiederholte anfälle erschwert, verzweifelt am ende an sich und seinen talenten, wird mistrauisch auf seine kräfte, und diese gemütsstimmung ist für einen groszen geist unbeschreiblich gefährlich und um so quälender, da des kampfes in seiner seele kein ende ist.'

Einige jahr später erfolgte ein ziemlich heftiger angriff. in einer schrift 'der reisende für länder- und völkerkunde, herausgegeben von zwei gelehrten' (Nürnberg 1788) waren mehrere einrichtungen der schule abfällig besprochen, namentlich auch des abtes pädagogische thätigkeit in ein ungünstiges licht gestellt worden. zur abwehr veröffentlichte der oberlehrer Grosse anonym zwei längere aufsätze 'kurze vergleichung der vorigen einrichtung der klosterbergischen schule mit der jetzigen' in dem damals viel gelesenen 'braunschweigischen journal', 1788 st. 8 u. 9, das von E. Chr. Trapp, Joh. Stuve, Conr. Heusinger und J. Heinr. Campe herausgegeben wurde. in diesen aufsätzen erscheint Resewitz als der vollendete pädagog, als der ruhmvolle reformator des klosterbergischen pädagogiums. 'meines wissens, so schreibt der verfasser (st. 9. s. 111), ist vor dem abte Resewitz auf Berges schule über den lehrstoff und über die lehrmethode nie gründlich und philosophisch nachgedacht worden, und man hat von dieser seite die schule nie als ein ganzes

betrachtet … vor des abtes Resewitz zeit konnte man von den lehrern
sagen: ein jeder sah auf seinen weg und jeder wählte sich natürlich
den, der ihm der leichteste zu sein schien, und docierte ab, was ihm
der geist gab auszusprechen und was in seinen zusammengestoppelten
oder aufbewahrten schul- und universitätsheften geschrieben dastand.'
aber nicht nur in unterricht und methode glänzte nach des verfassers
ansicht kloster Berge unter Resewitz' direction, auch die auf die sittliche erziehung der schüler gerichteten anordnungen waren muster-
haft und hielten mit den früheren keinen vergleich aus, denn 'in den
zeiten des abtes Steinmetz scheint die ganze erziehung mehr in einem
polizeimäszigen zwange als in wahrer und reeller bildung der denkungsart und des sinnes junger leute bestanden zu haben' usw.
(s. 117). jeder unbefangene leser muste erkennen, dasz es dem
verfasser nur darauf ankam, die Resewitzsche direction gegen 'un-
berechtigte' angriffe in schutz zu nehmen. Grosse stand schon seit
1781 auszerhalb des klosterbergischen verbandes; die ihm unschätzbare freundschaft seines früheren chefs machte ihn zu einem treuen
anwalt desselben. auch Kinderling sah sich veranlaszt, zu den aufsätzen des 'reisenden' berichtigende bemerkungen zu geben, deren
wir schon oben gedachten. doch liesz er sich nicht durch ein persön-
liches interesse leiten, vielmehr kam es ihm darauf an historische
irrtümer jenes aufsatzes aufzudecken.

 Nach veröffentlichung der 'zweiten nachricht' (1783) schrieb
professor Besecke in Mitau im 'deutschen museum' (1784, 1, 545
—556) einen offenen brief 'an den herrn abt Resewitz in Magdeburg',
in welchem das lob den tadel überwog. der verfasser sprach hier
das offene bekenntnis aus, dasz er unter allen wirklichen erziehungs-
plänen keinen schöneren kenne, denn in jeder zeile spüre er den
kenner des menschlichen herzens, den sorgfältigen vater, den lieb-
reichen freund, den erfahrenen lehrer. die ausstellungen, die er zu
machen hatte, bezogen sich auf mehrere unterrichtsgegenstände, die
er entweder vermiszte, wie chemie, anatomie und physiologie, oder
für entbehrlich hielt, wie geschichte der philosophie und logik;
auszerdem erhielten 35 der Resewitzschen gesetze eine andere
fassung. Resewitz erwiderte darauf im 'deutschen museum' (1784,
2, 358—368) mit einer 'antwort an den herrn professor Besecke in
Mitau', worin er die auf den lehrplan bezüglichen bemerkungen zu-
rückwies, während die änderungen der gesetze seine billigung fanden.

 Erst neuerdings ist ein in das gewicht fallendes urteil Joh.
Andreas Cramers über die klosterbergische schule unter Resewitz
bekannt geworden, das dieser als kanzler der universität Kiel in
einer der deutschen kanzlei in Kopenhagen überreichten denkschrift
vom 22 september 1778 niedergelegt hat und das den niedergang
der schule bestätigt.[60] Cramer hatte auf einer mit staatlicher unter-

---

[60] Hille, zur geschichte des schulwesens, in den geschichtsblättern
für stadt und land Magdeburg 20, 34. durch druckfehler wird der bericht in das jahr 1772 gestellt.

stützung unternommenen reise durch Deutschland auch kloster Berge
kennen gelernt und von den umlaufenden gerüchten über Resewitz
gehört. dem allgemeinen urteil nach sei das kloster Berge das nicht,
was es der absicht des ministers nach sein und, wie man von dem rufe
und den talenten des abtes Resewitz vermutet hatte, werden sollte.
'im hannöverschen sprechen die eltern, welche kinder darin gehabt
haben, in rücksicht auf den unterricht und vornehmlich auf die sitten
mit groszem unwillen und sogar mit abscheu davon; ja mit einer
solchen heftigkeit, welche den verdacht erregen musz, dasz ihre
klagen zwar übertrieben, aber doch nicht ganz unbegründet sein
mögen. im magdeburgischen widerspricht man nicht sehr in diesem
punkte. so viel aber wird durchgehends versichert, dasz der abt
selbst bei einer gewissen classe von gelehrten in Berlin nicht mehr
die achtung habe, in welcher er gestanden hat. fast durchgehends
urteilt man von ihm als von einem manne, der zwar viel kenntnisse
und eine feine philosophie besitze, auch in seinen schriften schöne
ideale entwerfen könne, dasz es ihm aber an hinlänglicher kunde der
sprachen, des lateins, des griechischen und des hebräischen fehle.
wie gegründet dies sei, kann ich nicht entscheiden; das ist aber gewis, dasz die schule im kloster nur 59 alumnos hat, unter denen 10,
wo nicht 11, aus den hiesigen landen sind, da doch die schule, als er
dahin kam, noch 100 alumnos hatte. woran es liege, ob zum teil an
der uneinigkeit, die zwischen ihm und den conventualen des klosters
als den eigentlichen lehrern herschen soll, lasse ich dahin gestellt
sein. bei dieser beschaffenheit kann das kloster Berge nicht unter
die vorzüglichen schulen gerechnet werden, der kostbarkeit des auf-
enthaltes darin, welche arme ganz ausschliesz, nicht zu gedenken.'

Wenn Cramer auch unbekannt blieb, dasz eine anzahl von
beneficiaten aus den mitteln der anstalt unterhalten wurden, so hat
er doch die klosterbergischen verhältnisse im ganzen genommen tref-
fend charakterisiert.

Als Cramer seine beurteilung schrieb, befand sich Resewitz
noch mitten in seiner schriftstellerischen thätigkeit. der verfasser
des berühmten buches von der 'erziehung des bürgers' begann 1778
die herausgabe einer pädagogischen vierteljahrsschrift, die unter dem
titel: 'gedanken, vorschläge und wünsche zur verbesserung der öffentlichen erziehung' erschien und bis zum jahre 1786 fünf jahrgänge
erlebte.[81] in diesem werke findet sich ein reichhaltiges material für
pädagogik aufgespeichert, das aber für die gegenwart nicht mehr
nutzbar ist. die aufsätze wurden meist von Resewitz verfaszt; auszer
dem genannten oberlehrer Grosse fand Resewitz noch in dem prediger Villaume in Halberstadt, dem lehrer an der domschule zu
Halberstadt H. M. F. Ebeling und dem inspector des seminars zu
Wörlitz Joh. Lebrecht Tamm drei willkommene mitarbeiter. die er-

---

[81] die von Resewitz herausgegebenen 'erziehungsschriften' (Berlin
und Leipzig 1797) bilden die zweite auflage jener zeitschrift.

müdung, welche den herausgeber erfaszte, offenbart sich allmählich immer mehr, besonders ım letzten jahrgang, der fast nur reden enthält, die Resewitz an die studierende jugend zu kloster Berge bei der eröffnung der lectionen gehalten hatte.

Am 3 juli 1788 trat freiherr v. Zedlitz das geistliche departement an Wöllner ab. noch unter Zedlitz' verwaltung war der abt veranlaszt worden, jahrestabellen einzureichen, welche die reihe der conventualen und präceptoren, das verzeichnis der die anstalt besuchenden schüler, sowie das verzeichnis derjenigen schüler enthielten, welche die anstalt im laufe des jahres verlassen hatten. es war dies im november 1787[62] geschehen, wo der convent aus dem procurator Joh. Carl Friedr. Lademann, den oberlehrern Lorenz, Heinrich Rathmann (zugleich klosterprediger), Ludwig Aug. Rönick und Gurlitt bestand und 7 präceptoren nebst dem französischen sprachmeister Jean Baptiste Pierron unterrichteten. die zahl der schüler betrug 38, davon waren 22 pensionäre, 16 beneficiaten. abgegangen waren zu ostern 1787 11, zu mich. 3 schüler, davon hatten 7 die universität bezogen. auch die einkünfte des abtes finden sich in der jahrestabelle von 1787. danach überragte er alle seine collegen an gehalt. an baarem gelde bezog er 1218 thlr., darunter 900 thlr. salarium aus der procuraturcasse; an emolumenten auszer dem genusz des gartens zu Prester, der an jährlicher pacht 60 thlr. trug, ganz freie station, worunter begriffen wurde: abteiliche wohnung, holz, licht und wäsche, freie tafel für sich und fremde, equipage nebst kutscher, vorreiter und bedienter, arzt und arznei, barbier und perückenmacher. im jahre 1789 wurden diese emolumente zu 1387 thalern veranschlagt, so dasz der abt die stattliche einnahme von 2605 thalern bezog. die conventualen und lehrer des klosters waren verhältnismäszig nicht glänzend gestellt. sie hatten zwar freie station und genossen noch manche nebeneinkünfte, aber ihr baares einkommen bewegte sich nur zwischen 60 und 200 thalern. der voranschlag zu den einnahmen des klosters im jahre 1771 war auf 15000 thaler gemacht. die fractionssätze der einnahmen betrugen nach dem bericht der procuraturcasse für die jahre 1778/88 nicht weniger als 19297 thaler, für die jahre 1789/94 sogar 22622 thaler. nach einem anschlag des von seiten der staatsregierung zur ordnung der ökonomischen verhältnisse des klosters beauftragten kammerrats Herzog sollten die sämtlichen einnahmen 19514 thaler, davon 9524 thaler in gold, betragen. bei einigen posten war indessen auf die rechnung von 1771 zurückgegriffen, weshalb die totaleinahme nicht den wirklichen verhältnissen entsprechen mochte, zumal in den früheren jahren bereits eine gröszere einnahme erzielt war, auszerdem der besitzstand des klosters seit 1790 durch das v. Fördersche gut *Carith* vergröszert war, das nach dem absterben des v. Förderschen mannsstammes dem kloster anheimgefallen war.

---

[62] aus der zeit vor 1787 haben sich keine jahrestabellen gefunden.

Bisher hatte der abt über die ökonomischen verhältnisse des klosters, über einnahmen und ausgaben, keinerlei rechnung vorzulegen gehabt, auch den convent bei der aufstellung des etats nicht zu rate gezogen; kaum hatte jedoch Wöllner sein amt übernommen, so wurde durch rescript vom 12 december 1788 verordnet, dasz das kloster in ansehung der wirtschaft und rechnungsführung unter der oberaufsicht des staates stehen solle, und als der abt gegen diese verordnung einwendungen machte, wurde er durch rescript vom 6 februar 1789 mit scharfen gründen abgewiesen. unterm 23 october 1789 hatte das geistliche departement befohlen, die ansprüche des klosters Berge gegen den abt Resewitz zu untersuchen, demnächst rechtlich darüber zu entscheiden und das erkenntnis einzusenden. die noch im laufe desselben jahres angestellte untersuchung der ökonomischen angelegenheiten des klosters vermochte zwar strafbare malversationen seitens des abtes nicht zu entdecken, aber sie wies doch eine wenig haushälterische wirtschaft desselben nach. es entwickelte sich daraus ein process, der sich durch drei jahre hinzog. es waren vom convent in assistentia fisci gegen Resewitz wegen übler wirtschaft an 7800 thaler ausstellungen ausgeklagt worden; es ergab sich aber, dasz dem abt wegen mangelnder vorschriften eine strafbarkeit nicht zur last gelegt werden konnte, vielmehr wurde er durch erkenntnis vom 9 august 1791 für schuldig befunden einige defecte in höhe von 1707 thlr. 6 gr. 4 pf. zu erstatten, welche im vergleichswege auf 500 thaler, in quartalzahlungen von 100 thalern zahlbar, festgestellt wurden.

Noch ehe die angeordnete untersuchung der ökonomischen verhältnisse des klosters stattfand, hatte der convent, dessen rechte vom abte stets misachtet waren, dem geistlichen departement in Berlin am 4 februar 1789 die bitte um wiederherstellung seiner gerechtsame durch ein reglement vorgetragen. er bemerkte, dasz ihm über die bevorstehende generalrevision der bisherigen klosterbergischen administration eine amtliche benachrichtigung durch den abt nicht zugegangen sei; überhaupt sei das verhältnis der conventualen des klosters bisher von der art gewesen, dasz sie bei der administration desselben wenig oder gar nicht zugezogen würden, während sie doch nach den kanonischen rechten, nach der fundation des klosters und nach dem älteren besitzstande dabei concurrieren sollten. der convent bat nun, es möchte der magdeburgischen regierung anbefohlen werden, 1) ihm das, was wegen der allerhöchst angeordneten generalrevision des klosters bereits ergangen sei, bekannt zu machen, 2) ihn bei der bevorstehenden revision zwar überall zuzuziehen, jedoch von aller verantwortung für etwaige zu tage tretende mängel freizusprechen, 3) mit dieser revision der ökonomie zugleich die aufstellung eines reglements, das die gegenseitigen gerechtsame und pflichten des abtes und convents und deren grenzen bei verwaltung klösterlicher angelegenheiten näher bestimme und feststelle, zu verbinden.

Der convent berief sich in seinem gesuche auf das kloster
U. L. Fr. in Magdeburg, bei welchem durch das reglement von 1750
die gerechtsame des klosters bestimmt seien. schon im jahre 1765
habe der abt Hähn die gerechtsame des convents einzuschränken ge-
sucht, allein der convent habe solche zum besten des klosters zu be-
haupten und in ihrem vollen umfange herzustellen sich zur pflicht
gemacht, auch erreicht, dasz durch eine von höchster stelle veranlaszte commission ein reglement zur festsetzung dieser gerechtsame
entworfen werden sollte. da aber dies geschäft nicht völlig zu stande
gekommen sei, so sei es bis jetzt unentschieden geblieben, wie weit
sich die grenzen der mitwirksamkeit des convents bei der administration des klosters erstreckten, und infolge dessen habe abt Resewitz stets nur einseitig gehandelt, den convent bei der administration
nicht zugezogen, noch dessen gutachten und einwendungen gehört
oder berücksichtigt. man berief sich auf einzelne fälle, z. b. sei der
neue etat am 22 juli 1787 ohne mitwissen des convents entworfen,
alle kostspieligen bauten und baulichen veränderungen des klosters
würden vom abt oft zum einseitigen nachteil vorgenommen, ohne
dasz das urteil des convents über die zuträglichkeit und zulässigkeit
derselben vernommen werde usw.

Obgleich nun durch die im jahre 1789 erfolgte untersuchung
der ökonomischen verhältnisse des klosters die beschwerden des convents sich als begründet erwiesen hatten und festgestellt war, dasz
abt Resewitz durch seine eigenmächtige und einseitige administration
eine anzahl von unordnungen und ausgaben veranlaszt hatte, welche
bei der ungehinderten mitwirksamkeit des convents füglich vermieden werden konnten, so sah sich dennoch der convent genötigt,
am 6 april 1790 von neuem vorstellig zu werden, da der abt trotz
des rescriptes vom 20 juli 1789 fortfuhr, die mitwirkung des convents bei der verwaltung des klosters auszuschlieszen. es wurden
sechs fälle namhaft gemacht, in denen der abt ohne zuziehung des
convents verfahren war. das gesuch wünschte eine baldige wiederherstellung der gerechtsame des convents und drang auf festsetzung
eines bestimmten reglements, ohne welches der abt 'nach seiner
denkungsart nie aufhören wird, einseitig und willkürlich zu verfahren.' es erfolgte hierauf der allerhöchste bescheid vom 16 april
1790, dasz die weiteren verfügungen auf die untersuchte denun-
ciation abzuwarten seien und dasz der convent sich bis dahin be-
ruhigen müsse.

Am 1 november 1786 war Gurlitt in den convent getreten.
hatte bis dahin ein herzliches einvernehmen zwischen dem abte und
ihm stattgefunden, so hörte dies mit dem eintritt Gurlitts in den
convent auf, denn sehr bald erkannte der abt, dasz Gurlitt einen bestimmenden einflusz auf die übrigen conventsmitglieder ausübte und
dasz er, erfüllt von einem starken rechtsgefühl, die seele der gegen
sein einseitiges verfahren gerichteten agitation war. zwar muste er
Gurlitts vorzügliche gelehrsamkeit, seinen lehrreichen und gründ-

lichen vortrag und seinen unanstöszigen wandel anerkennen, aber er
scheute sich nicht in seinen dem könig übersandten jahresberichten
Gurlitts charakter als 'fein, aber etwas versteckt', 'fein und ge-
schmeidig', 'versteckt', 'heimlich' zu bezeichnen, ohne zu bedenken,
dasz er mit dieser charakteristik der oberaufsichtsbehörde gegenüber
nur sich selbst, nicht aber dem schadete, der nur den offenen weg
des rechtes beschritt und den convent zur verfechtung seiner ver-
brieften rechte aufforderte.

Ohne zweifel war der ehrliche Gurlitt die seele der ganzen
agitation. er selbst hat in einem eine anekdote aus dem leben des
groszen kurfürsten betreffenden aufsatze [63] geäuszert, dasz er behufs
der ausfertigung einer zweiten vorstellung gegen die anwartschaft
des dompredigers Schewe auf die abtsstelle zu kloster Berge alle über
die wahl der äbte im klösterlichen archiv seit mehr als 200 jahren
vorhandenen acten durchgelesen habe, und fügt hinzu, dasz er nicht
nur seine vermutung bestätigt gefunden, dasz das recht zur freien
wahl der äbte seit der gründung des klosters durch kaiser Otto I
bestehe und auch die beiden letzten jahrhunderte hindurch — mit
ausnahme der wahl der äbte Steinmetz und Frommann — von den
brandenburgischen fürsten dem convent unverletzt erhalten und bei
jeder wahl aufs neue zugesichert worden sei, sondern dasz er auch
einen eigenhändigen aufsatz des abtes Wolfhardt vom jahre 1686
angetroffen habe, in welchem dieser mitteilt, wie der convent nach
dem tode seines mitbruders, des aus seiner mitte ehemals erwählten
abtes Ladey, die wahl auf ihn gelenkt und die bestätigung seiner
wahl vom kurfürsten erwirkt habe.

Der letzte allerhöchste bescheid vom 16 april 1790 hatte weitere
das kloster Berge betreffende verfügungen in aussicht gestellt. dieselben lieszen nicht lange auf sich warten. in Berlin dachte man an
nichts geringeres als an die gänzliche aufhebung des pädagogiums.
schon am 23 april 1790 erschien folgende namens des königs aus-
gefertigte, an die magdeburgische regierung gerichtete verfügung
des ober-schulcollegiums: 'da wir allerhöchstselbst resolviert, dasz
die klosterbergische schule mit dem halleschen pädagogium zu-
sammengezogen und dahin verlegt, auch die bisherigen bergischen
beneficiaten sowohl als die pensionäre nebst den lehrern und denjenigen conventualen, welche sich mit dem unterricht abgeben, daselbst untergebracht werden, zudem aber damit noch ein institut
zur militärschule verbunden werden soll, so befehlen wir euch hierdurch in gnaden, die fonds des klosters zu untersuchen und auszu-
mitteln, wieviel davon nach abzug dessen, was dem abt und den auf
dem kloster bleibenden conventualen gebühret, auch sonst zum unter-
halt des klosters erforderlich, zu dem besagten endzweck abgenommen werden könne.' diese das fernere bestehen des klosters bedro-
hende verfügung, welche zum nicht geringen teile wohl die folge

---

[63] deutsche monatsschrift 1791. 2, 224—232.

des unerquicklichen streites zwischen abt und convent war, wurde infolge einer demütigen vorstellung des convents vom 17 mai 1790, in welcher die bitte ausgesprochen wurde, die verlegung der altehrwürdigen anstalt nicht zu beschlieszen, da für Magdeburg die gröste gefahr drohe, wieder zurückgenommen. auch die regierung sprach sich in einem berichte vom 11 juni gegen die beabsichtigte verbindung der klosterbergischen schule mit dem halleschen pädagogium aus. aus dem 'raisonnierten tableau der klosterbergischen fonds', das der vicepräsident v. Goldbeck aufgestellt hatte, ergab sich eine einnahme von 17247 thalern, der eine ausgabe von 10245 thalern gegenüberstand, so dasz ein verwendbarer überschusz von 7002 thalern verblieb. die regierung hielt die combination aus triftigen gründen nicht für ratsam, beantragte vielmehr das kloster Berge in seiner bisherigen existenz zu belassen und nur zu verbessern. am 14 september entschied das geistliche departement dahin, dasz die gründliche recherche zum wohlgefallen gereicht habe und in der hauptsache zu seiner zeit näher beschieden werden solle.

Während so die der anstalt drohende gefahr glücklich abgewandt war, wurde eine andere auf den späteren directionswechsel abzielende einrichtung die quelle eines langwierigen streites zwischen regierung und convent.

Dem könige war vom herzog Ferdinand zu Braunschweig-Lüneburg der domprediger und consistorialrat Christian Friedrich Schewe zu Magdeburg zur anwartschaft auf die abtsstelle des klosters Berge in einem schreiben d. d. Vechelde den 17 juli 1790 empfohlen worden. der könig beauftragte infolge dessen durch cabinetsordre aus dem hauptquartier Schönwalde (25 juli 1790) den etatsminister v. Wöllner, den p. Schewe zu prüfen und was an ihm sei nötigenfalls zu melden. Wöllner berichtete am 8 august, dasz der domprediger Schewe als sehr geschickt bekannt und solchem posten vollkommen gewachsen sei, und fragte gleichzeitig an, ob ihm das exspectanz-patent zur abtsstelle des klosters Berge ausgefertigt werden könne. nachdem der könig durch cabinetsordre (Breslau den 14 august 1790) die ausfertigung genehmigt, wurde dem domprediger Schewe ein exspectanz-patent vom 16 august 1790 zugestellt, gleichzeitig aber auch abt und convent davon benachrichtigt. der convent, der sich in seinen rechten bedroht sah, bat am 25 september um aufhebung der letzten verfügung, und als das gesuch unbeantwortet blieb, wurde dasselbe nach jahresfrist am 16 november 1791 wiederholt und dabei ausgeführt, wie die erteilung einer solchen anwartschaft mit dem landesgesetz und den uralten gerechtsamen des convents streite, nach welchen ihm die freie wahl des abts zustehe. nachdem nun rechtskundige männer geäuszert, dasz des königs majestät laut einer ausdrücklichen verordnung befohlen habe, es sollten die unterthanen ihre anliegen jederzeit zuvor den betreffenden departements vorlegen und von diesen die rechtlichen bescheide erwarten, wage der convent sich zuvor an das geistliche departement

mit wiederholung des gesuches vom 25 september 1790 zu wenden
und schlieszlich zu bitten, dasz majestät durch das geistliche departement eine gerichtliche untersuchung des rechtes des convents zur
freien abtswahl allergnädigst zu veranstalten geruhen wolle. auch
sprach der convent die hoffnung aus, dasz die blüte der schule zu-
rückkehren werde, wenn abtei und schuldirection einem andern berühmten gelehrten von allgemein anerkannten verdiensten anvertraut
werde. schon am 27 november liesz der etatsminister v. Wöllner
dem procurator und sämtlichen mitgliedern des convents die resolution zugehen, dasz, da die adjunction des consistorialrats Schewe auf
die dortige abtsstelle durch eine cabinetsordre verfügt sei, von seiten
des ober-schulcollegiums in dieser sache nichts angeordnet werden
könne. der convent wandte sich darauf in einer supplik vom 9 januar
1792 an das königliche cabinet und erhielt am 17 januar den auf
sr. majestät allergnädigsten specialbefehl erteilten, mit Wöllners
unterschrift versehenen bescheid, dasz die unterm 9 d. m. immediate
eingereichte bittschrift ohne alle resolution von sr. majestät remit-
tiert worden sei und vom ober-schulcollegium darauf nichts verfügt
werden könne.

Mehrere jahre vergiengen, ohne dasz eine änderung der bestehenden verhältnisse erfolgte. erst die im jahre 1794 angeordnete
visitation des klosters gab den anlasz zu tief einschneidenden veränderungen in der leitung des pädagogiums und verwaltung des
klosters.

Die cabinetsordre vom 12 october 1794, durch welche die
untersuchung des zustandes des klosters angeordnet wurde, nahm
bezug auf den günstigen bericht, welchen die zu commissarien ernannten oberconsistorialräte Hillmer und Hermes aus Berlin über
ihre inspection des klosters erstattet hatten. es war diese revision
allerdings die letzte gewesen, aber sie hatte bereits in den ersten
jahren der Resewitzschen amtsführung stattgefunden. protocolle
über diese revision haben sich nicht gefunden; eine erwähnung derselben geschieht von Matthisson, der mitteilt, dasz an die beiden genannten oberconsistorialräte (er nennt sie freilich unrichtig Müller
und Hermes) seitens der schüler dank- und lobschreiben gerichtet
worden seien, und dasz Hermes zur hohen freude der jugendlichen
briefsteller im herzlichsten und geistreichsten tone von der welt ge-
antwortet habe. Matthisson redet dabei von der zeit, in welcher alles
von der schwärmerei für Goethes Werther erfüllt gewesen sei, und
meint, dasz diese beschäftigung mit der schönen litteratur zur ver-
minderung des rohen studentischen treibens an der anstalt beigetragen habe.

'Da der bericht der beiden letzthin ernannten commissarien
Hermes und Hillmer, so lautet die an den etatsminister v. Wöllner
gerichtete cabinetsordre vom 12 october 1794, so äuszerst vorteilhaft nicht blosz in absicht der religion, sondern auch des ganzen
gegenwärtigen zustandes von kloster Berge ausgefallen, mir aber

daran gelegen ist zu erfahren, was eigentlich der grund von dem verfall dieser ehemals so berühmten schulanstalt ist, so befehle ich euch hierdurch ungesäumt durch eine besondere commission die ganze beschaffenheit von kloster Berge und vornehmlich die des abtes Resewitz genau und strenge untersuchen zu lassen und mir davon zu berichten.' schon am 15 october ernannte v. Wöllner den geheimenrat und oberconsistorialrat Nagel, den oberconsistorial- und oberschulrat Hecker zu Berlin und den general-superintendent Jani zu Stendal zu mitgliedern der neuen commission mit dem auftrage, die gesamte äuszere und innere verfassung der klosterbergischen erziehungsanstalt, den zustand des unterrichts der jugend und ihre fortschritte in allen fächern, die schulzucht und endlich die ökonomische lage der anstalt einer genauen untersuchung zu unterwerfen.

Die commission begann ihre thätigkeit am 27 october und schlosz dieselbe am 18 november. sie ersah aus den acten des oberschulcollegiums, dasz nach einem rescript vom 23 october 1789 eine visitation in ansehung eines anzufertigenden reglements, die administration des klosters und wechselseitigen rechte und verbindlichkeiten des abtes und convents betreffend, vorbehalten war und dasz nach dem rescript vom 18 october 1791 durch die visitation eine neue einrichtung des klosters vorbereitet werden sollte. die commissarien wohnten am 28, 29 und 30 october dem unterrichte sämtlicher classen bei und zwar der je 2 hebräischen und französischen, der je 3 theologischen, mathematischen, arithmetischen, geographischen, philosophischen, historischen und griechischen, sowie der 4 lateinischen classen. in der religion vermiszten die commissarien die nötige bekanntschaft der schüler mit der bibel; in der 3n philosophischen classe wurden fragen über die classen der tiere gestellt, auszerdem fand die lectüre und erklärung eines stückes aus Sulzers vorübungen statt; in der 2n war der lehrer Joh. Aug. Schmidt bei der erklärung der regeln von der entwicklung der gattungsbegriffe (nach Steinbarts lehrbuch der logik) nicht glücklich; in der 1n schienen die schüler den vortrag des conventualen Christian Heinrich Schultz über die erlaubten vergnügungen (nach Feders lehrbuch der moral) nicht zu fassen, wie aus der beantwortung der wenigen fragen, die an die schüler gerichtet wurden, zu ersehen war. den günstigsten eindruck erhielten die commissarien von dem unterrichte Gurlitts. dieser nahm das carmen saeculare des Horaz vor, begleitete die übersetzung mit manchen erläuternden litterarischen und kritischen bemerkungen und bewies auch hier seine vorzügliche gründlichkeit. in der griechischen lection Gurlitts wurde der anfang der Odyssee durch lauter schöne und vortreffliche anmerkungen erläutert. weniger zufrieden erklärte sich die commission mit den schriftlichen leistungen der schüler im lateinischen. den primanern war folgender text zum lateinischen scriptum gegeben worden: 'wir freuen uns allemal, junge freunde der wissenschaften und der tugenden kennen zu lernen, die in beider absicht nicht nur

gute fortschritte gemacht zu haben scheinen, sondern davon auch
unzweifelhafte beweise und zeugnisse ablegen. dasz auch Sie, werte
freunde, zu diesen lobenswerten jünglingen gezählt zu werden verdienen, daran zu zweifeln sind wir weit entfernt. wir verlassen Sie
vielmehr mit der angenehmen hoffnung, dasz Sie durch fortgesetzten
fleisz und sittliches wohlverhalten unsere gütige meinung von Ihnen
bestätigen werden. und warum wollten Sie das nicht thun? bedenken Sie nur, dasz Ihnen selbst, Ihren eltern, Ihren vorgesetzten und
lehrern, dem staate und auch der kirche daran ungemein viel gelegen
sei.' auch die arbeiten der obersten schüler waren nicht fehlerfrei.
der oberlehrer Gurlitt führte zur entschuldigung an, dasz die lateinischen stilübungen nicht mehr so häufig als ehedem vorgenommen
seien, weil bei der menge anderer unterrichtsgegenstände hierzu nur
wenig zeit bleibe.

Nach der untersuchung des wissenschaftlichen standpunktes der
schule richtete die commission ihre aufmerksamkeit auf die ermit-
telung der ursachen, welche den verfall der schule veranlaszt haben
könnten. es wurden zu diesem zwecke sämtliche lehrer verhört,
nachdem durch die von ihnen auf erfordern eingereichte vita festgestellt war, seit wann sie der anstalt ihre thätigkeit gewidmet
hatten. auch die von Resewitz selbständig vollzogenen bestallungen
wurden geprüft, sowie die dienstinstructionen der conventualen und
lehrer. es ergab sich, dasz Lorenz, seit 2 sept. 1775 am kloster
thätig, durch bestallung vom 22 juni 1780 zum hortulanarius, Gurlitt,
seit dem 1 mai 1778 als lehrer thätig, durch bestallung vom 1 november 1786 zum frumentarius befördert war; als solcher hatte er
instructionsmäszig die aufsicht und rechnung über die einzunehmen-
den kornpächte, sowie über das auf dem eignen felde des klosters
gewonnene getreide zu führen. der conventual Joh. David Schulze,
seit 1785 lehrer am kloster, hatte durch bestallung vom 28 mai 1791
das amt eines culinarius, der conventual Christian Heinrich Schultze,
seit 1787 lehrer am kloster, durch bestallung vom 1 october 1793
das eines cellarius erhalten.[84] der klosterprediger Joh. Tobias Heid-

---

[84] Chr. Heinr. Schultze hat in seiner vita folgenden für die beurteilung seiner fertigkeit im gebrauch der lateinischen sprache charak-
teristischen satz: 'adultior factus et idoneus visus ad publicae scholae
doctrinam percipiendam tradidit me pater disciplinae gymnasii urbici
(Brunsvicensis), quod Martineum dicitur.' die von Gurlitt eingereichte
vita ist ein meisterstück des lateinischen stiles. sie ist deshalb wichtig,
weil sie sämtliche kleinere in der zeit von 1773—1794 erschienenen
schriften Gurlitts enthält, nemlich 1) explanatio hymni XXXXIII Davidici
proposita sub discessum e schola. Lips. 1773 (Gurlitts valedictions-
arbeit). 2) epistula gratulatoria ad Joh. Aug. Ernesti, in qua quaestio
examinatur: an ratio et scriptura sacra gentiles probos damnent ad
supplicia aeterna. Lips. 1775. 3) de locis prophetarum minorum in
N. T. laudatio. I. II. Lips. 1778. 4) zwei brautgesänge Catulls und
zwei oden des Horaz, metrisch übersetzt von Rosenfeld, mit einleitun-
gen, anmerkungen und einem anhange von übersetzungen aus dem griechischen von Joh. Gurlitt. Leipz. 1785. 5) übersetzung der gesamten

mann, seit 1787 am kloster, war 1793 conventual geworden; die
übrigen 5 lehrer waren in den jahren 1788—1793 in das collegium
eingetreten.

Die von den oberlehrern Lorenz, Gurlitt und Heidmann, sowie
dem propst des klosters U. L. Fr. Gotthold Sebastian Rötger und dem
consistorialrat und director des domgymnasiums Gottfr. Benedict Funk
eingeholten gutachten gaben übereinstimmend als ursachen des verfalles der schule an, dasz seit 20—30 jahren in andern ländern viele
schul- und erziehungsanstalten errichtet seien und dasz das zunehmen
des luxus und die teuerungsverhältnisse den eltern die kosten einer
öffentlichen erziehung erschwerten. für besonders nachteilig hielt man
die im jahre 1789 angestellte untersuchung der ökonomischen verhältnisse des klosters, während welcher nicht nur versäumnisse der schule
und andere unordnungen und unregelmäszigkeiten im inneren, sondern auch das allgemeine gerücht entstanden sei, dasz die schule um
ihrer inneren verderbtheit willen ganz aufgehoben werden solle.
dies habe zur folge gehabt, dasz die mehrzahl der auswärtigen schüler
abgegangen und dasz die bereits angemeldeten zurückgeblieben seien.
der propst Rötger sah einen hauptgrund des jetzigen verfalles der
schule in dem zu schnellen, erzwungenen und durch jede art von
mitteln bewirkten wachstum derselben unter dem abt Frommann,
sowie in den zwischen abt und convent wegen der administration
des klosters ausgebrochenen mishelligkeiten und in den vielen nachteiligen und niemals energisch widerlegten journalnachrichten über
die anstalt. der consistorialrat Funk hielt auch den umstand für
wichtig, dasz ein paar eigensinnige und streitsüchtige lehrer, welche
nachher mit unwillen vom kloster schieden, teils während ihres dort-
seins teils nach ihrem abgange nicht allein mündlich sondern auch

nemeischen und isthmischen oden Pindars im deutschen Merkur und in
Wideburgs humanistischem magazin. 1785. 1786. 6) progr. de utilitate
ex poetarum inprimis veterum iusta lectione capienda. Magd. 1786.
7) abrisz der geschichte der philosophie. Leipz. 1786. 8) Catulls epi-
scher gesang von der vermählung des Peleus und der Thetis metrisch
übersetzt, mit anmerkungen und einigen anhängen. Leipz. 1787.
9) metrische übersetzung des 4n buches der elegien Tibulls im deutschen museum. 10) biographische und litterarische notiz von Stephan
Borgler, einem philologen zu anfange dieses jahrhunderts. 11) varianten
im Sulpicius Severus aus einem Quedlinburger codex. 12) conjecturen
und anmerkungen zum Seneca, welche J. Albert Fabricius seinem
exemplar beigeschrieben, nebst eignen anmerkungen. 10—12 in Wideburgs humanistischem magazine. 13) notae ad Stephani Byzantini librum
περὶ ἐθνῶν, insertae a cl. Harlesio novae Fabricianae bibliothecae grae-
cae editioni. 14) epistola ad cl. Ruperti, in qua explicatur locus e Cic.
or. p. Murena in Rupertis magazin für schulen. 15) lectiones variae ex
perantiqua editione Horatii odarum excerptae, quae in bibliotheca ecclesiae cathedralis Magdeburgensis asservatur in Rupertis magazin für
schulen. 16) abrisz der philosophie zum gebrauch meiner lehrvorträge
im kloster Berge. Magd. 1788. 17) sechs reden in der loge zu Magdeburg gehalten. dabam, so schliesst Gurlitt seine in den acten des geh.
staatsarchivs zu Berlin befindliche vita, e coenobio Bergensi ineunte
mense novembri 1794.

durch schriften nicht wenig dazu beigetragen hätten, jene nachteilige wirkung bei einem groszen teile des publicums zu erhalten, zu vermehren und fortzupflanzen, besonders da niemand die mühe übernommen habe, allen diesen gerüchten zu widersprechen.

Von groszem werte war der commission das urteil des pastors Rathmann zu Pechau, der aus eigner anschauung die zustände kannte, da er längere zeit (von mich. 1777 — aug. 1793) als klosterprediger an der anstalt thätig gewesen war. seine am 5 november stattgehabte vernehmung ergab folgendes. abt Resewitz habe schon bei seinem anzuge eine sehr dissolute schule gefunden und die grundsätze über die erziehung, die er in seinem buche über 'die erziehug des bürgers' vorgetragen und die er nunmehr im kloster Berge habe zur ausführung bringen wollen, hätten nicht den erwarteten erfolg gehabt, sodasz bei einer sehr laxen disciplin die grösten unordnungen und ausschweifungen vorgefallen seien, die den abt zwar davon überzeugt hätten, dasz seine grundsätze nicht überall anwendbar seien, aber dem guten rufe der anstalt beim publicum grosze nachteile zugezogen hätten. hierzu sei gekommen, dasz der damalige rector Jonä, der mit der liberalen erziehungsart nicht zufrieden gewesen sei, dem abte in der handhabung der disciplin mit seinem ansehen nicht zu hilfe gekommen sei. die folge davon sei gewesen, dasz der abt, der ohnedies sowohl gegen die lehrer als gegen die schüler in seinem benehmen sich manche blösze gegeben, von seinem ansehen immer mehr verloren habe. dadurch ferner, dasz die vornehmen und reichen jungen leute in die gesellschaft der familie des abtes gezogen worden seien, habe der aufenthalt derselben auf der anstalt gröszere kosten verursacht, wodurch nicht nur bei den übrigen schülern neid und misgunst erregt worden sei, sondern die anstalt auch in den ruf gekommen sei, dasz sie einen höheren kostenaufwand als früher erfordere, wodurch natürlich mehrere eltern abgeschreckt worden seien ihre kinder der anstalt anzuvertrauen. Rathmanns vorschläge zur verbesserung der anstalt giengen 1) auf feststellung des verhältnisses zwischen abt und convent, 2) auf wiederherstellung der vom gegenwärtigen abt aufgehobenen rectorstelle, 3) auf einführung der öffentlichen examina und redeübungen, die der abt Steinmetz als eins der wirksamsten mittel zur hebung der anstalt angesehen habe.

Auch Gurlitt gieng in seinem gutachten von den mishelligkeiten zwischen abt und lehrern aus, welche bei gelegenheit eines injurienprocesses des lehrers Perschke gegen Resewitz im jahre 1779 zum ausdruck gekommen seien; ferner erklärte er, dasz längere zeit eine spannung zwischen dem abte und dem geistlichen departement bestanden und für das ganze die schlimmsten folgen gehabt habe. er betonte den mangel an einem manne, der gleichsam das centrum des ganzen sei, in welchem sich alles vereinige und an welchen die lehrer und schüler nicht nur als ihren freund und ratgeber geknüpft seien, sondern der auch durch einige äuszere ehre vor den übrigen mehr ausgezeichnet und höheren orts nötigenfalls mit dem gehörigen

ansehen versehen sei (was seinen erinnerungen und warnungen nach-
druck gebe), der auch im äuszersten falle auf den nötigen beistand
der behörde sicher rechnen könne. zu den entfernteren ursachen des
verfalles der anstalt rechnete Gurlitt ebenfalls die schnell erzwungene
frequenz zu anfang des directorats des abtes Frommann und die
zum teil auf finanzmäszige rücksichten gegründete schonung der
reicheren und vornehmeren jungen leute, welche Resewitz und zum
teil auch der rector Jonä und die lehrer aus furcht, die anzahl wieder
zu verringern und dadurch höheren orts misfällig zu werden, übten.
von dem verfall der disciplin unter Frommann habe der abt, oberlehrer Lorenz und er selbst die traurigen folgen noch lange zu er-
dulden gehabt. 'ich hatte, so schreibt Gurlitt, als ich hierher kam,
schon manche sächsische schule kennen gelernt, aber einen solchen
rüden ton noch auf keiner gefunden; ich machte daher gar bald die
bemerkung, dasz, wenn dieser schule innerlich aufgeholfen werden
solle, sie erstlich durch entfernung mehrerer verwilderter junger
leute zum teil desoliert werden müsse. eine auffallende disharmonie
zwischen lehrern und schülern war eine leicht bemerkliche folge der
damaligen beschaffenheit der schule.' Gurlitt führt auch an, der abt
habe einmal in actis gesagt, der flor der schule sei auf seinen eignen
namen hinlänglich gegründet.

Die vernehmung des collegiums erstreckte sich auf das privatleben des abtes Resewitz, und der letztere gab selbst auf verlangen
der commission am 5 november ein promemoria zu den acten, in
welchem er sich über vorwürfe rechtfertigte, die seinen lebenswandel
betrafen. die gesellschaft, die er besuche, bestehe aus den ersten
und angesehensten familien von Magdeburg. er habe hier auch am
kartenspiel teilgenommen und dies um so weniger bedenken getragen
zu thun, da er kein prediger und seelsorger sei, da überhaupt die
geistlichen sich seit 40 jahren dem spiel nicht entzögen und die
rechtgläubigsten theologen des vorigen jahrhunderts das spiel als
ein adiaphoron verteidigt hätten. auch besuche er die gesellschaft
nicht täglich. 'nur seit der zeit, so fährt Resewitz fort, da ich,
durch die vorige commission veranlaszt, allem freundschaftlichen um-
gange entsagte, um auch jeden schein der verschwendung zu vermeiden; da meine frau ihre durch gram und kummer zerrüttete ge-
sundheit durch einen halbjährigen aufenthalt auf dem lande in etwas
wieder zu erquicken suchte; da ich auszer meinen vielfachen geschäften einen drei- bis vierjährigen process selbst habe führen
müssen, indem ich keinen fremden sachwalter über die innere verwaltung und ökonomie des klosters sattsam verständigen konnte,
hat mich kummer, ermüdung, einsamkeit und hypochondrie öfter
als zuvor in vorgenannte gesellschaft geführt, um mich einige stunden darin zu zerstreuen und durch ein spiel von finstern gedanken
zu entfernen.'

Da die commission in Gurlitt das urteilsfähigste mitglied des
klosterbergischen lehrkörpers sah, so wurde er noch einmal aufgefor-

dert, sich über mehrere den abt betreffende punkte zu äuszern. er
that dies in einem promemoria vom 7 november, aus welchem die
edelste, menschenfreundlichste, wohlwollendste gesinnung zu tage
tritt. er spricht in diesem schriftstück eine den abt betreffende bitte
aus im vertrauen auf die edle denkungsart der commission und im
bewustsein der achtung, die diese ihm und den übrigen lehrern
während der untersuchung des klosters bewiesen habe und die er
mit aufrichtigem dankgefühl erkenne. 'hindern Sie, so lautet seine
bitte, durch Ihren einflusz und durch Ihre vorstellung beim geistlichen departement jegliches dem publicum etwas hart erscheinende
verfahren gegen den herrn abt als menschen. ich musz Ihnen frei-
mütig gestehen, dasz die fragen über sein privatleben, sein spiel und
gesellschaft usw., welche mir mit seiner art das kloster und die
schule zu verwalten nicht im genauen zusammenhange zu stehen
scheinen, mich etwas sorgsam gemacht haben. ich stehe mit dem
herrn abt in keinem freundesverhältnis und werde es wahrscheinlich
auch nie, da er sich durch meine officiellen aussagen bei der ökonomischen recherche so beleidigt gefühlt hat, dasz er einigemale, wie
man mir sagt, von meinem charakter nachteilig gesprochen. aber
jede etwas härtere begegnung, durch kleine flecken seines privat-
lebens veranlaszt, wird auch mir tief zu herzen gehen, da ich doch
auch dagegen manche schätzbare eigenschaft an ihm als abt und
schuldirector und als menschen bemerkt habe. ihn, einen alten mann,
am abend seines lebens tiefer gebeugt zu sehen als er's mir zu verdienen schien, da der morgen und mittag desselben so glänzend und
froh gewesen, würde selbst mein leben beunruhigen, wenn ich nur
einigermaszen fürchten müste, dasz aussagen von mir dazu eine mit-
veranlassung könnten gegeben haben. ja, was Ihnen vielleicht noch
mehr beachtenswert sein wird, ich fürchte, dergleichen möchte alle
hiesigen lehrer und das gesamte publicum mit mismut und mitleid
erfüllen und also unserm armen gekränkten institut aufs neue nachteilig werden. ich bitte gott für den besten erfolg der ganzen unter-
nehmung.' am schlusse empfiehlt Gurlitt das institut der väterlichen
sorgsamkeit der commission.

   In der sichern beurteilung der stellung des abtes Resewitz zum
convent und zum lehrercollegium glaubte die commission ihre haupt-
aufgabe zu sehen; sie dehnte aber ihre thätigkeit auch auf die untersuchung der äuszeren verhältnisse der schule aus. sie wohnte am
2 november dem gottesdienste bei und gab die predigt des klosterpredigers Heidmann über das evangelium des 22n sonntags nach Trin.
zu den acten; sie nahm eine revision der documente des klosters in
der procuratur vor, sowie der casse; sie besichtigte die bibliothek[65],
die modell- und naturaliensammlung, die sämtlichen klösterlichen gebäude, besonders auch den conventssaal, die gerichtsstube, das de-

---

[65] bei der amtlichen revision ergab sich, dasz von 1770—1794 die
bibliothek um 432 werke vermehrt worden war.

positengewölbe, die lehrer- und schülerstuben, die brauerei, bäckerei, das waschhaus, die stallungen usw.

Nach vollendung der visitation stattete die commission einen sehr umfangreichen bericht[86] ab, der folgende bemerkenswerte punkte enthält. 1) die stelle des rectors, dem unter den früheren äbten die besondere aufsicht über die schule anvertraut war, ist von dem jetzigen abte nach dem abgange des rectors Jonä eingezogen; 2) der abt hat sich die administration der klösterlichen güter und einkünfte allein zugeeignet, obgleich auch dem convent dieselbe mit zusteht; 3) der abt hat seit seinem amtsantritt die öffentlichen prüfungen abgestellt; 4) desgleichen seit 4 jahren die abendbetstunden; die übrigen erbauungsstunden, die unter der direction des abtes Steinmetz gehalten wurden, sind von dem minister v. Zedlitz ganz untersagt worden und es wird der zu den abendbetstunden und zu den öffentlichen prüfungen bestimmte geräumige saal gegenwärtig zum aufschütten des kornes verwendet; 5) die gegenwärtige frequenz der anstalt beträgt 27, davon sind 20 beneficiaten, 7 pensionäre; 6) der religionsunterricht ist nicht derartig, dasz die jungen leute dadurch zu einer wahren und heilsamen erkenntnis der christlichen lehre geführt werden können; in den unteren classen wird die bibel gar nicht gebraucht; als lehrbücher in der religion werden genannt Mori epitome in der 1n classe und Dietrichs anweisung zur glückseligkeit in den beiden untern classen; 7) der grammatische sprachunterricht fehlt in den oberen classen, die lateinischen aufsätze waren sehr fehlerhaft; 8) das neue testament wird nicht gelesen; 9) die zucht ist nicht streng genug; es herscht unter den schülern ein studentischer ton, der in auffallenden vergehungen und insubordinationen ausbricht, die oft ungestraft bleiben; als eine auffallende ursache der unvollkommenheit der disciplin ist der mangel an gemeingeist und an collegialischem sinne der lehrer selbst zu betrachten; 10) als ursachen der verminderten frequenz erscheint der commission a) der gänzliche verfall der religiösität, b) der mangel an einem manne, der eine genaue und zweckmäszige aufsicht über die schule führt, c) der mangel an der nötigen disciplin, d) die 'unbekanntheit' der anstalt im publicum (es werden seit mehreren jahren keine nachrichten mehr über die schule veröffentlicht). die commission gab zum schlusz ihr urteil dahin ab, dasz die anstalt einer reellen und schleunigen

[86] mit diesem berichte überreichte die commission die liquidation ihrer auslagen und diäten zur allerhöchsten festsetzung und anweisung mit dem bemerken, dasz den 1770 ernannten commissarien Spalding, Sack und Sulzer für eine ähnliche untersuchung des klosters Berge, die nur drei tage gedauert, 200 thaler gold angewiesen worden seien. ihre liquidation betrug 350 thaler und zwar an reisekosten 89 thaler, an commissionsausgaben in Magdeburg 10 thlr. 12 gr., an diäten für 21 tage an Nagel und Hecker 148 thaler, für 17 tage an Jani 68 thaler, endlich an wagenmieten 16 thlr. 12 gr. am 27 december wurde die zahlung verfügt und der abt Resewitz angewiesen, die genannte summe an den geheimen rat Nagel in Berlin franco citissime einzusenden.

verbesserung bedürfe, wenn sie das sein solle, was sie nach ihren
vorzüglichen anlagen und einkünften sein und werden könne. sie
schlug vor, den gegenwärtigen abt unter belassung seiner ämter als
general-superintendent und consistorialrat in den ruhestand zu versetzen und die aufsicht über das schul- und erziehungswesen in kloster Berge einem manne zu übertragen, von dessen gelehrsamkeit
und pädagogischen kenntnissen, thätigkeit und rechtschaffenheit
man erwarten könne, dasz er die verfallene anstalt wieder in aufnahme bringen werde. es würde damit nur eine wiederherstellung
der früheren rectorstelle verbunden sein. hinsichtlich des rechnungs-
wesens wurde bemerkt, dasz der abt seit der im jahre 1789 abgehaltenen untersuchung der ökonomischen zustände des klosters den
sonst durch seine häufigen gastgebote verursachten beträchtlichen
aufwand zwar abgestellt, dasz er aber die rechnungen nicht erst bei
der regierung, sondern direct an das geistliche department eingereicht habe. ferner wurde bemerkt, dasz seit 1780 kein mitglied
der regierung als curator specialis des klosters bestellt worden sei.
der ehemalige curator regierungsrat Schrader habe ein fixum von
300 thalern bezogen. die ersparung dieser summe sei der grund gewesen, dasz bei dem absterben des p. Schrader 1780 diese special-
curatel aufgehoben sei; die commission hielt die wiederherstellung
dieser curatel für notwendig und brachte den regierungvicepräsiden-
ten v. Goldbeck in vorschlag, dem ein gehalt von 150 thalern zu gewähren sei. hinsichtlich der baulichen veränderungen des klosters
riet die commission die instandsetzung der lehrer- und schülerwoh-
nungen und den bau von zwei neuen lehrzimmern an. die vermögens-
verhältnisse des klosters fand die commission sehr günstig. die
procuraturcasse besasz an gesamten capitalien 13342 thaler, die
schulcasse 3450 thaler. die reinen einkünfte hatten nach der fraction
von 10 jahren, (1778/79—1787/88) 19298 thaler, von 5 jahren
(1783/84—1787/88) 20822 thaler und nach der fraction der letzten
6 jahre (1788/89—1793/94) 22622 thaler betragen. demnach hatten
sich die einkünfte in der zeit von 5 zu 5—6 jahren um 1500—1800
thaler vermehrt. endlich sprach sich die commission für die dem
convent zu erteilenden rechte aus. nach den conferenzprotocollen
von 1718—1743 hätten die ehemaligen äbte bei verpachtungen,
pachtremissionen, annahmen von wirtschaftsbeamten, ja selbst von
conventualen, bei reparaturen und überhaupt bei allen kloster-
angelegenheiten niemals einseitig, sondern stets in gemeinschaft
mit dem convent verfahren.

Infolge des berichtes der commission verfügte das oberschulcollegium am 13 januar 1795 an abt und convent die einreichung
von durch einen geschickten und redlichen baumeister anzufertigenden
anschlägen zu einer vollständigen reparatur sämtlicher schüler- und
lehrerwohnungen und einrichtung von zwei neuen lehrzimmern nach
art der bereits vorhandenen, 'und damit wir sicher sind, dasz bei
der anfertigung dieser anschläge nichts notwendiges übersehen wor-

den, so ist der darüber zu erwartende bericht von sämtlichen conventualen mit zu unterschreiben.' die anschläge wurden eingesandt und vom oberbaudepartement am 24 juni 1795 mit der masznahme genehmigt, dasz die kosten auf 2326 thlr. 4 gr. festgesetzt worden seien.

Die nächste einschneidende veränderung in der verwaltung des klosters wurde die durch das 'generalreglement für das kloster Berge' vom 3 märz 1795 verfügte einsetzung eines aus einem rate der regierung und einem landstande des herzogtums Magdeburg bestehenden curatoriums. gleichzeitig wurde das gegenseitige verhältnis sowohl des curatoriums und des klosters überhaupt, als auch des abtes und der conventsglieder insbesondere nebst ihren obliegenheiten und befugnissen geordnet. dabei wurde den curatoren (es wurden dazu der landrat von Steinacker in Brumby und der regierungsrat von Klevenow zu Magdeburg bestimmt) die aufsicht über das gesamte temporale des klosters dergestalt übertragen, dasz von nun an ohne deren vorwissen und genehmigung nichts dahin gehöriges, wenn es von wichtigkeit sei, vorgenommen und beschlossen werden solle. den curatoren wird zur pflicht gemacht, für das beste in absicht des äuszern und innern wohlstandes des klosters sowie für die aufrechthaltung der wohlhergebrachten rechte und prärogative desselben auf alle art zu sorgen.

Obgleich die verhältnisse zwischen abt und convent durch das neue generalreglement geordnet schienen, so begann der letztere den kampf von neuem, indem er am 30 november 1795 und wiederum am 18 januar 1796 protest gegen die früheren entscheidungen erhob und darin ausführte, dasz die freie abtswahl gerechterweise weder vom geistlichen departement oder oberschulcollegium noch selbst durch eine cabinetsresolution genommen werden könne und dasz er entschlossen sei, die uralten gerechtsame des klosters zur freien wahl seines abtes durch den convent im wege rechtens zu verteidigen und mittelst anzustellender klage gegen den fiscus die aufhebung der dem consistorialrat Schewe erteilten anwartschaft durch richterliches erkenntnis nachzusuchen. in der that erhob er am 10 februar 1796 unter berufung auf die urkunden von 936 und 970, sowie auf den revers des kurfürsten von Brandenburg vom 4 april 1650, bei der magdeburgischen regierung die klage contra fiscum, welche von dieser am 16 februar an höchster stelle mit dem bemerken angezeigt wurde, dasz es dem cabinet überlassen bleiben müsse, ob und welchem fiscalischen beamten die vertretung des fiscus in diesem processe aufgetragen werden solle. schon am 7 märz erhielt die regierung die nachricht, dasz das geistliche departement das officium fisci nicht autorisieren könne, sich auf die betreffende klage einzulassen; überhaupt würde die klage von der regierung nicht angenommen sein, wenn der concipient derselben angezeigt hätte, dasz die angefochtene competenz des consistorialrats Schewe durch eine cabinetsordre verfügt worden sei. der convent aber erhielt folgende fulminante verfügung Wöllners vom 22 märz 1796.

Von gottes gnaden Friedrich Wilhelm könig von Preuszen usw.

Unsern gnädigen grusz zuvor.

Würdige und hochgelahrte, liebe getreue!

Wenn wir euch bisher auf eure beiden letzten abenteuerlichen vorstellungen vom 30 november v. j. und 18 februar d. j., worin ihr gegen die bereits vor einigen jahren von unserer höchsten person dem consistorialrat Schewe per cabinetsordre erteilte anwartschaft auf die abtsstelle zu kloster Berge zu protestieren euch unterstanden habt, mit keiner resolution versehen haben, so ist dies aus der ursache geschehen, weil wir hofften, dasz ihr als vernünftige menschen endlich in euch gehen und euch eines andern besinnen würdet. da ihr aber in eurer insolenz gegen königliche befehle so weit gegangen seid, dasz ihr sogar ein klaglibell contra fiscum bei der magdeburgischen regierung wirklich eingereicht habt, worin ihr von einem freien wahlrechte des abtes gegen eine cabinetsordre träumt, so dient euch hiermit zur endlichen resolution, dasz, wofern ihr eure geringfügigkeit gegen die befehle des landesrescripts als blosze candidaten und bestallte schullehrer nicht bald einsehen und begreifen werdet, dasz ihr aus königlicher milde nur lohn und brot deshalb erhaltet, um die jugend zu informieren, wir euren thörichten stolz bald demütigen und bei des königs majestät höchster person dahin antragen werden, dasz ihr als ungehorsame unterthanen, die sich gegen den willen des souverains aufzulehnen nicht entblöden, ohne weitere umstände cassiert und aus dem kloster fortgeschafft werdet. wornach ihr euch zu achten. sind euch mit gnaden gewogen.

Berlin, den 22 märz 1796.

Auf seiner königlichen majestät allergnädigsten specialbefehl.

An die conventualen zu kloster Berge.

Wöllner.

Deutlicher konnte kaum gesprochen werden. Gurlitt hat dieses in den manualacten des klosters Berge, gegenwärtig im archiv der administration der klosterbergischen stiftung befindliche rescript mit folgender bemerkung begleitet: 'auf dieses urbane rescript, welches ohne zweifel seine excellenz eigenhändig abgefaszt haben, erwiderte der convent kein wort. es ist aber von anderen in journalen vielfältig benotet und commentiert worden.' Gurlitts vermutung ist richtig. der in den acten des geheimen staatsarchivs zu Berlin befindliche entwurf Wöllners, des allmächtigen günstlings Friedrich Wilhelms II, zeigt Wöllners handschrift.

Es bedarf auch unserseits keines wortes, um noch besonders darauf aufmerksam zu machen, in welcher weise akademisch gebildete männer, von denen einer schon seit 24 jahren im amte stand, durch das Wöllnersche rescript behandelt wurden. wäre der minister v. Wöllner nicht schon durch sein religionsedict vom 9 juli 1798 bekannt genug, so dürfte die oben veröffentlichte kundgebung seiner

humanen gesinnung wohl im stande sein ihn hinreichend zu cha-
rakterisieren.

Es folgte nun eine maszregel nach der andern. zunächst wurde
die eingereichte klage des convents durch verfügung vom 5 april
1796 vollständig abgewiesen, in der cabinetsordre vom 9 september
1796 erklärte der könig, dasz er den von Wöllner in seinem berichte
vom 8 september angeführten gründen beipflichte, den domprediger
Schewe schon jetzt zum adjunct des abtes Resewitz zu bestallen, jedoch so, dasz er seine predigerstelle bis zum tode des abtes beibehalten und letzterer an seinen einkünften nichts verlieren solle.
ferner erhielt Wöllner den auftrag, dem domcapitel zu Magdeburg
zu erkennen zu geben, wie es dem könige allerdings zum wohlgefallen gereichen würde, zur beförderung des besten eines so wichtigen institutes, als kloster Berge in aller absicht sei, die hände zu
bieten und dem Schewe wegen dieser adjunction keine schwierigkeiten zu machen. das domcapitel gab am 28 september seine ein-
willigung und am 9 november machte das geistliche departement dem
domprediger Schewe seine ernennung zum adjungierten abt mit dem
bemerken bekannt, dasz er die alleinige aufsicht über das pädagogium,
die lehrer und schüler desselben zu führen habe und dasz ihn die curatoren als oberdirector des pädagogiums einführen sollten. es werde
ihm vor der hand und bis zum völligen antritt des abteilichen postens
behufs haltung der nötigen pferde aus der klostercasse ein jährliches
quantum von 300 thalern bewilligt. abt Resewitz dagegen solle seines
hohen alters und seiner schwächlichkeit wegen schon jetzt von der
direction des pädagogiums und des mit demselben verbundenen
schullehrerseminars entbunden werden. an abt und convent des
klosters Berge ergieng die verfügung des geistlichen departements
vom 11 november, durch welche den genannten 1) die einsetzung
eines aus dem regierungsrat Klevenow und dem landrat baron von
Steinacker auf Brumby (die instruction für dieselben ist vom 4 october 1796; am 22 november meldet die regierung, dasz dem regierungsrat Klevenow der vorrang vor dem landrat von Steinacker gebühre
und bei den über curatelangelegenheiten abzuhaltenden conferenzen
der vorsitz einzuräumen sei), 2) die aufstellung eines generalregle-
ments für das kloster, 3) die ernennung des consistorialrats und
dompredigers Schewe zum oberdirector des pädagogiums und adjungierten abt bekannt gemacht wurde. der schlusz dieser verfügung
lautet: 'wir gewärtigen übrigens von euch, dem abt und convent,
dasz ihr ebensowohl den lediglich zum besten des klosters angesetzten curatoren mit der ihnen schuldigen achtung und willfährigkeit
bei allen gelegenheiten zuvorkommen, als auch insonderheit den
euch in dem generalreglement erteilten vorschriften und anweisungen jeder zeit auf das pünktlichste und unverbrüchlichste und bei
vermeidung unserer höchsten ungnade nachzuleben beflissen sein
werdet.' gegen Resewitz wurde die gröstmögliche schonung geübt;
er wurde in seinem amte als abt und vorsteher des klosters sowie in

seinen einkünften belassen und sollte nach wie vor die verwaltung
des klosters besorgen; es war ihm nur die aufsicht über das pädagogium und das lehrerseminar genommen.

Der dem adjungierten abt Schewe zuerteilte amtscharakter
eines oberdirectors oder ersten directors des pädagogiums setzte die
ernennung eines zweiten directors voraus; diese erfolgte am 30 november und zwar wurde zur übernahme dieser stelle kein anderer
als Gurlitt 'in betracht seiner gründlichen gelehrsamkeit und seiner
verdienste um das pädagogium' bestimmt. zugleich wurde er zum
professor ernannt und ihm eine gehaltszulage von 325 thalern bewilligt. auch der oberlehrer Lorenz wurde am 30 november zum
professor ernannt.[57]

Ein sehr feierlicher tag war der 27 december 1796. an diesem
tage fand die einführung des curatoriums und die bekanntmachung
des vom könig dem kloster vorgeschriebenen reglements vom 26 october durch den geheimen rat und regierungsdirector v. Vangerow
statt. bei diesem acte erhoben die conventualen protest gegen
etwaige beeinträchtigungen ihrer klösterlichen gerechtsame. die einführung des adjungierten abtes Schewe als oberdirector und des professors Gurlitt als zweiter director erfolgte am 13 februar 1797. zu
dieser feierlichkeit hatten die curatoren infolge eines königlichen
decretes vom 28 januar, in welchem die möglichste beschleunigung
dieses auftrages aufgegeben war, unter dem 6 februar besonders eingeladen.[88]

So schien denn alles so geordnet zu sein, dasz die hoffnung entstand, kloster Berge werde von nun an der hort des friedens sein
und aller streit und hader fern bleiben. wie andere über die neuesten
anordnungen der behörde urteilten, davon zeugt ein brief Tiedges an
Gleim (Magdeburg den 3 januar 1797), in welchem es heiszt: 'was
die Klosterberger machen? fragen Sie: sie schweigen und lassen sich's
an der allgemeinen teilnahme des publicums, die für sie stimmt,

---

[57] Gurlitt äuszert sich in seiner selbstbiographie (E. Ph. L. Calm-
berg historia Joannei Hamburgensis. Hamb. 1829. s. 216) über diese
vorgänge folgendermaszen: 'anno 1794 exeunte illustrissimus Woellnerus,
potestatis regiae in causa sacrorum et litterarum curandarum administer,
munus academici professoris, Heckero de re scholastica optime merente
auctore, qui a. 1794 ad rem scholasticam Bergensem excutiendam inter
legatos regios missus erat, mihi demandare decreverat, sed mox consilio,
nescio quare, mutato munus scholam Bergensem dirigentis per eundem
Heckerum, quem mihi inde ab illo tempore amicissimum expertus sum,
mihi obtulit. quod cum certis de causis, quas hic commemorare longum
est, diu recusassem, tandem mihi necessitati et amicorum voluntati et
consilio, quamquam invitus, cessi atque illud anno 1797 ineunte auspi-
catus sum.' lange weigerte sich Gurlitt das ihm übertragene amt anzunehmen, da er dasselbe in die hände seines freundes und langjährigen
mitarbeiters Lorenz gelegt wissen wollte; erst die bitten seines freundes,
er möchte das amt übernehmen, bestimmten ihn sich der anordnung der
behörden zu fügen.

[88] Gurlitts antrittsrede findet sich in seinen schulschriften. Magdeburg 1801. 1, 1—9.

genug sein; auch fängt man von seiten der ministerdespotie an be-
sänftigungsmittel aufzulegen. herr Gurlitt hat den charakter eines
directors der schule nebst einer gehaltszulage bis zu 800 thalern erhalten. gehaltsverbesserungen sind allen gegeben worden, ohne dasz
der abt etwas verliert. für geld und titel verstummt leider die wahrheit, wenigstens spricht die stimme der wahrheit hinter einem titel
viel leiser: das weisz ein despotischer minister, wenn er auch sonst
nichts weisz. ich habe auf dem kloster zweimal gespeist, und man
machte aus dem verlauf der sache kein geheimnis. der abt Resewitz
erinnerte sich aller frohen tage, die er einst in Ihrer nachbarschaft
mit Ihnen verlebte.'[89]

Am 16 november 1797 erlag Friedrich Wilhelm II den langwierigen leiden der brustwassersucht; es folgte ihm sein ältester
sohn Friedrich Wilhelm III, dessen streben darauf gerichtet war, die
schäden, welche Bischoffswerder und Wöllner mit ihrem anhang dem
lande bereitet hatten, mit fester hand zu beseitigen. eine cabinetsordre drang auf entfernung der trägen und unfähigen beamten, eine
andere beurteilte in ungnädigem tone Wöllners religionsedict und
im frühjahr 1798 erhielt der schöpfer so vieler unheilvoller zwangs-
maszregeln seine entlassung.

Bei den leitern der verwaltung schien die ansicht durchzudrin-
gen, dasz dem convente des klosters Berge mit der gänzlichen zu-
rückweisung seiner vermeintlichen ansprüche auf die freie abtswahl
ein unrecht geschehen sei, und schon am 6 februar 1798 erhielt das
justizdepartement aus dem cabinet des königs eine ordre des inhalts,
dasz dem convent des klosters Berge zu gestatten sei, angebliche befugnisse zur freien abtswahl im wege rechtens geltend zu machen.
da es indessen auf der andern seite allerdings erwogen werden müsse,
dasz das unbedingte wahlrecht zu zeiten erteilt worden sei, wo der
abt nur claustrale verhältnisse zu dirigieren gehabt habe, während
in neuerer zeit die oberaufsicht einer wichtigen schulanstalt und die
generalsuperintendentur einer ganzen provinz damit verbunden worden sei, wodurch der staat zu einer näheren teilnahme an der besetzung der abtsstelle berechtigt werde und solche auch in mehreren
vorhergehenden fällen mit beseitigung der wahlrechte des convents
ausgeübt habe, so hoffe seine majestät, dasz das justizdepartement
gelegenheit finden werde, sich durch die behörde mit dem convent
zu solchen modificationen ihres wahlrechtes zu verständigen, bei
denen den rücksichten auf das öffentliche wohl und der beruhigung
und zufriedenheit des convents am besten genügt werden könne, um
nach denselben ein unabänderliches regulativ für die zukunft fest-
zusetzen.

Infolge dieser ordre erhielt der regierungspräsident v. Vangerow den auftrag, die verhandlungen mit dem convent zu leiten.
im laufe derselben verlangte derselbe infolge eines protestes des

---

[89] archiv der Gleimstiftung zu Halberstadt.

convents am 23 juni 1798 eine erklärung darüber, ob der letztere
mit vorbehalt des freien wahlrechts eines abtes für künftige fälle
entschlossen sei, den widerspruch gegen die adjunction des consistorialrats Schewe seinerseits zurückzunehmen. der convent erklärte darauf am 18 juli, dasz, wenn 1) durch eine königliche
cabinetsresolution sein freies wahlrecht ausdrücklich anerkannt und
ihm für die zukunft feierlich zugesichert werde, 2) der consistorialrat Schewe in gemäszheit des höchsten cabinetsbefehles vom 6 februar
1797 nach angestellter näherer untersuchung durch kenntnisse, pädagogisches talent und guten ruf zu der abtsstelle besonders geeignet
befunden, 3) des königs majestät die vom geistlichen department
dem consistorialrat Schewe widerrechtlich erteilte anwartschaft zu
bestätigen geneigt sein möchte, er (der convent) aus achtung vor
dem willen des königs sich demselben gern unterwerfen und insofern
sein strenges recht dem wunsche des königs bereitwillig opfern
wolle. schon am 13 august ergieng folgende cabinetsordre an den
convent: 'es hat dabei, dasz die conventualen eingesehen, dasz der
consistorialrat Schewe die nötigen erfordernisse zu der abtsstelle hat
und dasz dieselben die bestätigung von dessen anwartschaft geschehen lassen wollen, sein bewenden, wie es sich denn von selbst versteht,
dasz durch dessen unmittelbare bestallung ihrem etwaigen rechte für
künftige fälle nichts genommen worden sei.'

Ein weiterer protest des convents hatte zur folge, dasz die conventualen zur einreichung ihrer bestallungen aufgefordert wurden,
und auf ihre vorstellung vom 3 august wurde ihnen durch verfügung des staatsministeriums vom 12 august bekannt gemacht, dasz
künftig keine nomine collectivo ohne namensunterschrift abgefaszte
eingaben angenommen werden sollten, umsomehr da auch der
name des justizcommissarius, der wahrscheinlich als concipient sich
unterzeichnet habe, nicht zu lesen sei. übrigens hätten die suppli-
canten die zu seiner zeit erfolgende resolution abzuwarten und sich
der unschicklichen drohung der keinem preuszischen unterthan ver-
sagten beschwerde im cabinet künftig zu enthalten.

Das letzte in dieser angelegenheit erfolgte rescript vom 18 october 1799 ordnete die verhältnisse unter anerkennung der rechte des
convents ganz nach dem wunsche desselben. Schewe sollte danach
am 29 october vorgeladen werden, um in seiner eigenschaft als ad-
jungierter abt verpflichtet zu werden. 'nach dem dereinstigen abgang
des abtes Schewe soll dem convent des klosters Berge unter bis-
heriger üblicher direction von commissarien aus der regierung gestattet sein, allezeit drei subjecte, welche zugleich alle zu einem consistorialrat, generalsuperintendent und director der mit dem kloster
Berge verbundenen schulanstalten nach den grundsätzen der consi-
storial- und schuleinrichtungen in dem preuszischen staate erforderlichen eigenschaften haben, zu erwählen und bei uns durch das geistliche department in vorschlag zu bringen, wovon wir dann allerhöchst
einen ernennen und uns nur vorbehalten wollen, sowohl in dem un-

wahrscheinlichen falle, dasz keiner der vorgeschlagenen gehörig
qualificiert befunden werden sollte, als in allen übrigen ein
devolutionsrecht begründenden fällen einen andern abt zu be-
stellen.'

Der convent ist nicht mehr in die lage gekommen, von dem
ihm in dieser cabinetsordre gewährten rechte gebrauch zu machen.
nach dem tode des abtes Resewitz (er starb am 31 october 1806)
gelangte Schewe zwar in den völligen besitz der abtsstelle, aber er
genosz nicht lange ungestört das so mühsam erstrebte glück, da die
schule schon nach drei jahren aufgehoben wurde.

Wer sich der hoffnung hingab, dasz die zu anfang des jahres
1797 betreffs der direction der schule getroffenen einrichtungen zum
dauernden segen der letzteren gereichen würden, muste sich in dieser
hoffnung bald getäuscht sehen; denn sehr bald kam es zu einem
conflict zwischen Schewe und Gurlitt. dasz sich überhaupt das verhältnis zwischen den beiden directoren nicht günstig gestalten werde,
war vorauszusehen; denn ihre amtliche stellung zu einander sowie
ihre befugnisse waren von der behörde nicht genau bestimmt worden.
Schewe sollte nach der instruction vom 28 januar 1797 als oberdirector die alleinige aufsicht über das pädagogium, die lehrer und
schüler haben; welche functionen waren nun dem zweiten director
übertragen worden? wie schon früher berichtet ist, hatte bis zu
Resewitz' eintritt und noch während der ersten vier jahre seiner
amtsführung der erste conventual mit dem titel eines rectors die
leitung der schule gehabt, ungefähr wie sie heutzutage dem director
einer höheren lehranstalt obliegt; aber Resewitz hatte nach dem abgang des rectors Jonä (1779) in ganz willkürlicher weise dieses
rectorat entfernt und den beiden oberlehrern Lorenz und Gurlitt
die gemeinschaftliche verwaltung nominell übertragen. nun sollte
mit der übertragung der zweiten directorstelle an Gurlitt gleichsam
die wiederherstellung jenes rectorates ausgesprochen werden und es
war natürlich, dasz Gurlitt dieses amt in seinem ganzen umfang aus-
zuüben beflissen war. im ersten jahre von Schewes verwaltung kam
es noch nicht zu ernsten conflicten. Schewe hatte mancherlei änderungen vorgenommen, zb. die abendandachten wieder eingeführt,
das vivat- und pereatanschreiben der schüler verboten, öffentliche
prüfungen eingeführt usw., und es wurde ihm infolge seines ersten
jahresberichtes die zufriedenheit des oberschulcollegiums bezeugt,
indem er folgende verfügung vom 12 december 1797 erhielt: 'wir
haben aus eurem bericht vom 23 v. m. mit groszem wohlgefallen
euren und des zweiten directors bisherigen thätigen eifer und dessen
guten erfolg gesehen und zweifeln nicht, dasz durch eure fortgesetzten treuen bemühungen der intendierte zweck bei der euch anvertrauten erziehungsanstalt immer mehr werde erreicht werden.'

Aber dieses scheinbar gute einvernehmen zwischen Schewe und
Gurlitt hörte bald auf, der letztere nannte sich in den von ihm verfaszten, meist auf seine eigne kosten gedruckten halbjährlichen pro-

grammen 'professor et director scholae Bergensis'[90], er bestimmte
die in den öffentlichen prüfungen auftretenden classen und wählte
die prüfungsfächer aus, er gab das verzeichnis 'der jetzt auf hiesiger
schule studierenden jünglinge' heraus, er leitete die conferenzen der
lehrer, kurz er übte alle functionen eines directors aus. es lag in
diesem verfahren durchaus nichts anmaszendes, vielmehr waren die
angegebenen acte wesentliche teile seines amtes, allein Schewe konnte
sich mit diesen vermeintlichen eingriffen in seine rechte nicht zufrieden geben, und so begann denn der conflict. in seinem ersten
jahresbericht erkannte Schewe Gurlitts tüchtigkeit in vollem masze
an; er sagt, Gurlitt als zweiter director sei in ansehung seiner kenntnisse, seiner lehrmethode usw. bei der höchsten behörde rühmlichst
bekannt. auch im zweiten jahresbericht (1798) lobte er die ausge-
breiteten kenntnisse Gurlitts, seine amtsführung und seinen lebenswandel, verhehlte aber nicht, dasz im laufe des jahres doch mancherlei
vorkommnisse ihm die zu einer segensreichen wirkung erforderliche
freudigkeit getrübt hätten. zwar war die frequenz in erfreulicher weise
gestiegen (in der zeit von 1787—1796 betrug die durchschnittszahl
der schüler 32; 1797 zählte die anstalt 49, 1798 schon 64 schüler),
aber als nach ostern 1798 von den angemeldeten novizen 3 zurück-
blieben, glaubte Schewe den grund davon in der rede finden zu
müssen, welche Gurlitt bei gelegenheit des osteractus gehalten hatte.
so hatte der stadtrichter Berendes zu Gerbststädt seine beiden söhne
deshalb der klosterschule nicht anvertrauen können, weil er nicht
blosz für die intellectuelle, sondern auch für die moralische bildung
seiner kinder sorgen wolle. 'ich habe gehört, so schrieb er am
1 mai 1798 an Schewe, dasz die kabale dort von lehrern so begünstigt wird, dasz man sich nicht scheut, sie bei öffentlichen gelegenheiten, wo man sonst das beste was man hat aufgetischt zu sehen
gewöhnt ist, gleichsam als muster zur nachahmung, sei es auch auf
kosten des guten namens eines rechtschaffenen mannes, aufzustellen.
ist diese nachricht gegründet, und ich kann nach dem, was das publicum davon spricht, nicht anders glauben, so musz es sowohl für mich
als für jeden vater, welcher weisz, wie sehr das beispiel des lehrers
auf den schüler wirkt, äuszerst bedenklich sein' usw. Schewe setzt
hinzu, er hoffe, dasz das publicum vergessen werde, was vorgefallen
ist, und dasz der zweite director durch die allgemeine laute mis-
billigung seines benehmens abgeschreckt werde, sich in zukunft dergleichen ausfälle zu erlauben.

Schewe kommt in seinem bericht noch einmal auf diese rede
Gurlitts zurück. zuvor beschwert er sich darüber, dasz Gurlitt seine
instruction anders zu verstehen scheine, als er; denn nach dem anfange derselben könne er nicht anders glauben, als dasz die stelle

---

[90] dazu noch: 'dr. phil. et artium liberalium magister, conventualis
et bibliothecarius coenobii Bergensis, societati latinae Jenensi ad-
scriptus.'

des zweiten directors der oberdirection untergeordnet sein solle. die beschwerde begründet er durch aufführung specieller fälle. Gurlitt habe ohne Schewes vorwissen dem könig die klosterbergische schule zu hoher protection empfohlen und durch den abdruck der cabinetsresolution im osterprogramm von 1798 zu erkennen gegeben, dasz er der einzige director der schule sei, ja er stelle sich überall als den director dar, der an der spitze stehe, wie u. a. auch seine zur ankündigung der lectionen für das sommersemester 1798 veröffentlichte abhandlung 'über die mosaik' s. 31 und 32 beweise, wo er überdies sich das ansehen zu geben suche, als ob die verbesserung der schule sein alleiniges werk sei, und seinen (Schewes) bemühungen allen wert und erfolg absprechen wolle.[91]

Was nun Gurlitts beim osteractus 1798 gehaltene rede betraf, so fand Schewe, dasz dieselbe direct gegen ihn gerichtet war. ohne zweifel war dieselbe der erste frische ausdruck der freude über die mit dem regierungsantritt Friedrich Wilhelms III erfolgten änderungen in der staatsverwaltung, welche von allen gutgesinnten mit der lebhaftesten zustimmung begrüszt wurden. Gurlitt habe, so berichtete Schewe an den könig, von dem aberglauben gesprochen, der es eine zeitlang gewagt hätte seine flügel über den preuszischen thron auszubreiten; er habe auf die examinationscommission (bekanntlich eins der lieblingswerke Wöllners, das beim regierungswechsel sofort beseitigt wurde) hingewiesen; er habe erwähnt, dasz man längst widerlegte irrtümer dem volke habe aufdringen wollen usw. und den tag glücklich gepriesen, an welchem durch des königs thronbesteigung so heilsame veränderungen bewirkt worden seien. dann aber habe Gurlitt von amtserschleichungen gesprochen und die beiden zur universität abgehenden schüler ermahnt, bei künftigen bewerbungen um ein amt nie die gerechtsame eines dritten zu kränken. durch das allgemeine misfallen der zuhörer sei er (Schewe) zwar gerechtfertigt worden, aber er habe doch für die fassung, die er dabei behauptet, durch eine 14 tägige krankheit büszen müssen. die übrigen conventualen hätten diese ausfälle ebenfalls gemisbilligt und noch neuerdings hätten sogar drei kleinere schüler mit einem un-

---

[91] Gurlitt äuszert in dem erwähnten programm von 1798: 'ich bin eine solche rechenschaft einmal dem publicum, dessen aufmerksamkeit und achtung ich ehre, und sodann dem staate und dessen erhabenen dienern schuldig, welche mir mit so ehrenvollem vertrauen das jetzt von mir bekleidete amt übertrugen und durch die mir erteilte instruction einen kreis von pflichten und geschäften anwiesen, welche hauptsächlich diese wirksamkeit möglich machen, deren ich mich jetzt erfreue.' und nun teilt er eine äuszerung des superintendenten Deyling gegen den rector Ernesti mit. 'als Ernesti noch rector der Thomasschule in Leipzig war, sagte der inspector und ephorus derselben, der gelehrte und einsichtsvolle superintendent dr. Deyling, sehr richtig zu ihm, er handle ganz weise, dasz er ihn, den ephorus, nicht erst über alle schuleinrichtungen befrage; er, der schulmann, müsse richtiger als alle inspectoren verstehen, was der jugend nützlich sei.' (Ernesti opuscula oratoria p. 330.)

günstigen urteil über das herz des mannes ihren eltern davon
erzählt.

Übrigens wollte Schewe alles dies — er macht noch vier andere
puncte namhaft — nicht als eine anklage gegen Gurlitt betrachtet
wissen, sondern nur als einen wunsch, den er seiner ruhe und ge-
sundheit schuldig sei, nemlich dasz Gurlitt eines andern belehrt werden möchte, wenn er sich zu viel anmasze, oder dasz er selbst (Schewe)
belehrt werden möchte, wenn er die ihm erteilte instruction hin und
wieder misdeuten solle. er glaube die pflichten zu kennen, die er
der ihm anvertrauten schule schuldig sei, und um ihretwillen werde
er gern aufopfern, was er aufopfern könne. den übrigen conventualen
und lehrern gab Schewe das zeugnis, dasz sie ihm bei jeder gelegenheit viel achtung und liebe bewiesen. Gurlitts unzufriedenheit leitete
er aus der durch schriftliche versicherungen unterstützten ansicht,
dasz ihm die ganze direction würde übergeben sein, wenn ihm
Schewe nicht in den weg getreten wäre.

Das oberschulcollegium hat Schewes beschwerde zu den acten
gelegt und nichts erwidert; nur als Schewe sich im nächsten jahresbericht darüber beschwerte, dasz Gurlitt ihm zum vorwurf gemacht
habe, dasz er seine classe besuche, erklärte die behörde, es habe kein
bedenken, dasz der erste director nicht nur berechtigt, sondern auch
verpflichtet sei, gelegentlich auch die lectionen des zweiten directors
zu besuchen, um sich von den fortschritten der jungen leute auch
in diesen lectionen zu überzeugen; doch solle er keinen anlasz zu
dem gedanken geben, als geschähen diese besuche aus mistrauen
gegen ihn selbst.

In der folge gestaltete sich das verhältnis zwischen beiden immer
günstiger. in den jahresberichten erkannte Schewe Gurlitts vorzügliche leistungen an; und wenn er in dem berichte von 1800 sagt:
'seine kenntnisse, fähigkeiten und lehrgabe bedürfen meiner lob-
sprüche nicht; als rector oder zweiter director sollte ihm billig
manches nicht zu sehr kleinigkeit zu sein scheinen, was mit der
guten ordnung nicht bestehen kann', so konnte er in dem nächsten
jahresberichte auch diesen kleinen tadel zurücknehmen: 'Gurlitt
stiftet als lehrer den vorzüglichsten nutzen, der sich von seinen aus-
gebreiteten kenntnissen erwarten läszt; besonders macht er sich um
die primaner verdient. seitdem er in den rectoratsgeschäften auch
auf kleinere unordnungen seine aufmerksamkeit richtet, hat die
schule durch allgemeine ordnung sehr gewonnen. mit seinem
betragen gegen mich habe ich jetzt ursache zufrieden zu sein
und sein sonstiges verhalten ist dem amte, das er bekleidet, angemessen.' doch fehlt auch hier ein leiser tadel nicht: 'durch stren-
gere unparteilichkeit würde er hin und wieder seinen zweck leichter
erreichen können.' nach auszen hin zeigte sich die gemeinsame
arbeit der beiden directoren. im michaelisprogramm von 1800 luden
beide gemeinschaftlich zur öffentlichen prüfung ein und der in demselben jahre erschienene 'lectionsplan und übrige tagesordnung für

die schule des klosters Berge' war vom professor und director Gurlitt
verfaszt und vom adjungierten abt und oberdirector Schewe appro-
biert worden.

Man kann ohne bedenken sagen, dasz die schule infolge der
neuen organisation sich hob und dasz ihr ansehen wieder zunahm.
den grösten einflusz auf die günstige entwicklung der anstalt übte
jedoch Gurlitt. vermöge der ihm nun übertragenen stellung eines
directors konnte seine persönlichkeit mehr als bisher hervortreten;
seine reiche pädagogische begabung, seine wissenschaftlichen leistungen, der sittliche ernst, mit dem er die aufgaben seines berufes löste,
haben nicht wenig dazu beigetragen, dasz die schule in kurzem zu
einer geachteten stellung gelangte. allmählich steigerten sich auch
die leistungen der schüler, namentlich die der oberen classen, die
verhältnismäszig nur schwach besucht waren.[92] Gurlitt klagte im
michaelisprogramm 1797 selbst über die geringe frequenz, aber 'wie
kann man, sagt er, in unsern tagen auf grosze frequenz einer gelehrten schule rechnen, die nicht mehr als 12 ganze beneficienstellen
hat? aber es ist durchaus kein nachteil damit verbunden; denn je
mäsziger die anzahl, desto einfacher, zweckmäsziger, ungeteilter und
fruchtbarer der unterricht, desto genauer und desto väterlicher und
milder darf die disciplin sein. so urteilte einst Meierotto, ein mann,
den ich als gelehrten, als schulmann und als menschen hochschätze.'
als er in einer Homerlection bei Gurlitt zugegen war, pries er ihn
glücklich, dasz er nur fünf zuhörer hatte. 'der schulmann, der sich
als solcher glücklich fühlen will, so fährt Gurlitt fort, kenne nur den
stolz auf stille thätigkeit, den verzeihlichsten unter allen gattungen
des stolzes, auf stille wirksamkeit mit der ganzen kraft seiner kenntnisse, seiner wachsamkeit, seiner humanität, seines moralischen gefühls, seines gefühls für das wahre, gute und schöne, und seines
beispiels. durch diese erwirbt er sich eine unsterblichkeit, die schätz-
barer und dauernder ist, als die unsterblichkeit in papier und schrift,
eine unsterblichkeit, die in der gewalt aller guten menschen steht.'
von solchen idealen war Gurlitt erfüllt und solche und ähnliche gedanken sprechen auch seine vielen schulreden aus, die er als director
der schule entweder bei der entlassung der abiturienten oder am
schlusse des mit einer redeübung verbundenen examens hielt.[93]

---

[92] von seinen primanern konnte er im programm von 1800 sagen:
'est profecto totus ordo discipulorum primarius inde ab aliquibus annis
talis qualem non saepe habuimus, h. e. et litterarum studio et morum
gravitate atque modestia prae ceteris conspicuus. utinam omnes reliqui
discipulorum nostrorum ordines illius exemplum sequerentur!' unter den
9 im jahre 1797 recipierten schülern befand sich ein gewisser Neumann,
der vom kloster U. L. Fr. mit dem zeugnis der reife entlassen war,
der aber noch ein jahr den privatstudien widmen wollte und an den
lectionen der prima in Cicero, Horaz und Homer teilnahm.
[93] J. Gurlitts schulschriften bd. 1 Magdeburg 1801, bd. 2 hrsg. von
Corn. Müller, Magdeburg 1829. (den 1n band, der die klosterbergischen
schulschriften enthält, widmete Gurlitt dem preuszischen staatsminister

Bei antritt seines directorates legte Gurlitt nicht nur ein neues inscriptionsbuch der schüler an, sondern bestimmte auch ein buch für die lebensbeschreibung aller lehrer der anstalt. das von ihm vorgefundene schüleralbum war bis zum amtsantritt des abtes Resewitz so nachlässig geführt worden, dasz man darin nur die bloszen namen der aufgenommenen ohne weitere bestimmung antraf. die namen Wieland, Adelung, Schröckh, Moser, Steinbart, Schienmeyer, Wendeborn, Köpken, Matthisson, Gaudy, v. Schulenburg, v. Angern usw. fanden sich freilich darin, aber ohne angabe ihrer weiteren lebensschicksale. der bibliothek der anstalt brachte er das gröste interesse entgegen. er forderte öffentlich [94] zur gründung einer eignen schulbibliothek auf, welche die besten deutschen, französischen, italienischen und englischen schriftsteller aus dem fache der schönen redekünste enthielte, da diese bis jetzt noch fehlten. er richtete an die ehemaligen schüler der klosterschule die bitte, dasz sie durch den beitrag eines schriftstellerischen werkes aus dem fache der schönen wissenschaften und künste oder des einem solchen werke gleichkommenden wertes an geld jene auf die vervollkommnung der schule abzielende anlage schneller fördern und sich dadurch zugleich ein dankbares andenken bei der schule stiften möchten. diese bitte richtete er auch an die ehemaligen lehrer der schule, welche in andern ämtern standen. die expedition des allgemeinen litterarischen anzeigers und der buchhändler Keil in Magdeburg erboten sich zur annahme von beiträgen und Gurlitt versprach, nicht nur die eingegangenen bücher, ein jedes mit dem namen des gebers, halbjährlich in den programmen namhaft zu machen, sondern auch daselbst von der verwendung der geldbeiträge gewissenhaft rechenschaft ablegen zu wollen. seine bitte blieb nicht unerhört; eine menge zusendungen und geschenke, auch geldbeiträge kamen von den ehemaligen schülern ein, die sich bewust waren, dasz jede gabe eine gabe für die einstige pflegerin und führerin ihrer jugend sei.

Die zunehmende frequenz machte eine vermehrung der classen notwendig. 1798 bestanden 6 lateinische, 4 historische, 4 französische usw. classen. die leistungen der oberen classen gewannen immer mehr; die prima erhielt ein voracademisches gepräge. Gurlitt kündigte an, dasz er die Phönicierinnen und die Medea des Euripides lesen werde; er gedachte im winter 1798/99 prolegomena über Homer, Cicero, Horaz und über die griechischen tragiker vorzutragen. infolge des abgangs des conventualen Christian Heinrich Schultze übernahm

---

freiherrn von Massow, 'dem erhabenen protector der wissenschaften und aller auf die erhaltung, verbreitung und erweiterung derselben abzweckenden anstalten in den preuszischen landen.' wie hoch Gurlitt das glück schätzte, dem preuszischen staate anzugehören, beweisen die reden, die er über die vorzüge der preuszischen staaten am 23 märz und 27 sept. 1799, jedesmal am schlusz der lectionen, hielt (abgedruckt in den schulschriften 1, 113—152 und 153—187).

[94] allg. litterar. anzeiger 1798, nr. 187. sp. 1934—36.

er dessen lection der römischen und griechischen altertümer; ferner trug er geschichte der kunst, besonders des altertums, philosophie nach seinem blosz für das kloster Berge gedruckten abrisz[95] (Feders grundris der philosophischen wissenschaften, Coburg 1769, wurde beseitigt) und geschichte der philosophie, ebenfalls nach seinem lehrbuche, vor.

Durch das erscheinen halbjähriger programme trat die anstalt wieder in die öffentlichkeit und zog die aufmerksamkeit der gelehrten kreise auf sich, die den wissenschaftlichen wert der Gurlittschen arbeiten zu schätzen wusten. die programme waren die einladungsschriften zu den öffentlichen prüfungen, die sofort nach Gurlitts amtsantritt wieder eingeführt wurden. in der regel währte die prüfung zwei tage. in der am 10 und 11 april 1797 abgehaltenen prüfung wurde die erste lateinische classe in Cic. de oratore, die erste griechische in Homers Odyssee von Gurlitt, die zweite mathematische von Lorenz, die zweite lateinische in Vergil von Jasper, die zweite historische von Schultze, und die dritte geographische von Neumann geprüft.

Die einladungsschrift Gurlitts enthielt ein specimen lectionum publicarum in novum testamentum (erklärung von 1 Cor. 15). von besonderem werte sind Gurlitts kunstgeschichtliche abhandlungen: 1) biographische und litterarische notiz von Johann Winckelmann (m. 1797), 2) über die gemmenkunde (o. 1798), 3) über die mosaik (o. 1798), 4) allgemeine einleitung in das studium der schönen kunst des altertums (o. 1799), 5) über antike köpfe, Hermen und büsten (m. 1799). zu o. 1798 lieferte Gurlitt in seinem Animadversionum ad auctores veteres specimen I kritische bemerkungen zu den Phönissen des Euripides, zu m. 1800 gab er eine fortsetzung des osterprogramms von 1797, und zwar 'explanationis loci Matthaeiani, qui de extremo vitae Jesu Christi actu exponit, part. I'. im jahr 1800 veröffentlichte Gurlitt einen 'lectionsplan und übrige tagesordnung für die schule des klosters Berge'.[96] das am 22 mai 1801 ausgegebene programm (animadversionum ad auctores veteres specimen II) enthält den kritischen apparat zum Juvenal und einen commentar Joh. Winckelmanns zur ersten satire des Juvenal. das manuscript erhielt Gurlitt aus dem nachlasse des pastors Kleinow in Salzwedel durch dessen sohn. in dem redeact, zu welchem Gurlitt mit diesem programm einlud, fanden zuerst declamationen der schüler statt und zwar Schillers kampf mit dem drachen, Kleists hymnus auf gott, Langbeins pfarrer Schmolcke usw. die primaner führten Kotzebues drama 'menschenhasz und reue' auf. 'Iussimus, sagt Gurlitt in der ankündigung, aliquot disciplinae nostrae alumnos, qui iam sunt

---

[95] abrisz der philosophie zum gebrauch der lehrvorträge im kloster Berge, von J. Gurlitt. Magdeburg 1788. 48 s. 8.

[96] wieder abgedruckt nebst einigen bemerkungen über schulunterricht und lehrmethode in Gurlitts schulschriften 1, 215—249.

robustioris aetatis et confirmati consilii, fabulam scenicam Kotzebui,
quae inscribitur 'odium generis humani et poenitentia' in scena agere,
attemperatam tamen illam et efformatam ad consilia scholastica'.
wegen dieser dramatischen aufführung bemerkte das oberschulcollegium, dem Gurlitt das programm in zehn exemplaren übersandt
hatte, in einer verfügung vom 26 mai, man halte es nicht für zweckmäszig, förmliche comödien, vollends wie das bekannte, eine nur
allzuleichte moral predigende Kotzebuesche stück auf einer schule
aufführen zu lassen, da dergleichen leicht einen sehr nachteiligen
einflusz auf das studieren und selbst auf die bildung des charakters
der jugend haben könne. Gurlitt erwiderte darauf (10 juni 1801),
dasz er nicht das Kotzebuesche stück, sondern nur ein auf dessen
grunde bearbeitetes und für belehrung und besserung der jugend
zugerichtetes stück habe aufführen lassen. er habe keine arbeit ge-
scheut, um seinen zweck zu erreichen und zugleich manigfaltigkeit
in den gewöhnlich so einförmigen schulactus zu bringen. und dasz
dieser zweck erreicht sei, dafür bürge ihm die rührung, mit der es
angehört worden sei und die alle seine collegen bezeugen könnten.

Das michaelisprogramm von 1801 liefert das fragment einer
archäologischen abhandlung über Hercules.[97] in der einladung zur
öffentlichen prüfung ersucht das directorium der anstalt das publicum speciell, die bevorstehende prüfung der scholaren in einigen
sprachen und wissenschaften mit seiner schätzbaren gegenwart zu
beehren, um dadurch dem schulamte, welches unstreitig zu den
wichtigsten, aber auch zugleich zu den mühevollsten und äuszerlich
nur wenig belohnenden staatsbedienungen gehöre, eine ermunterung
zu gewähren, deren es zuweilen bedürfe, wenn es nicht unter den
manigfaltigen mühen und verdrieszlichkeiten, von denen dasselbe
unzertrennlich begleitet sei, ermüden solle.

Zu michaelis 1802 schied der verdienstvolle Gurlitt von der
ihm liebgewordenen stätte der musen, um einem ehrenvollen rufe
zur übernahme der direction des Johanneums in Hamburg zu folgen.

Bei übersendung des osterprogrammes von 1802 (20 april) zeigte
er seiner vorgesetzten behörde seine berufung an und bat um die
entlassung aus seinem gegenwärtigen amte. am 16 märz desselben
jahres war die wahl erfolgt. es wurde ihm ein gehalt von 2200 thlrn.
nebst freier wohnung und feuerung angeboten. die preuszische
unterrichtsbehörde suchte ihn in berücksichtigung seiner tüchtigkeit
und seiner verdienste um die klosterbergische anstalt festzuhalten
und forderte ihn auf die bedingungen mitzuteilen, unter denen er
in seiner jetzigen stellung zu verbleiben wünschte. die wünsche
Gurlitts, die das curatorium im bericht vom 31 mai vortrug, bezogen
sich auf eine gehaltszulage von 400 thlr., auf ein jährliches witwen-

---

[9] es bildet die letzte der sechs kunstgeschichtlichen abhandlungen
Gurlitts, welche Corn. Müller zu einem bande vereinigt und mit anmerkungen herausgegeben hat (Hamburg 1830).

gehalt von 100 thlr., auf gewährung einer familienwohnung, auf
wohnung und pension im falle seiner invalidität. hiernach würde
sein gehalt in kloster Berge auf 1468 thlr. kommen. auch stellte er
die bedingung, dasz die conventualen und lehrer mit einer gehaltszulage bedacht würden. durch cabinetsordre vom 13 juli 1802
wurde der staatsminister von Massow ermächtigt, dem director Gurlitt
die entlassung aus seinem bisherigen amte zu bewilligen, da die
spannung, welche zwischen ihm und dem adjungierten abte des klosters walte, der schule gröszeren nachteil bringen dürfte, als sie
sonst von diesem sehr verdienten schulmanne nutzen zu erwarten
hätte. [96] der von Gurlitt als nachfolger in vorschlag gebrachte rector
Gedicke zu Bautzen solle erst dann auf die wahlliste gesetzt werden,
wenn inländische kräfte nicht vorhanden seien, und wurden der professor Strass am cadettencorps und der lehrer Nolte am Friedrich-
Wilhelms-gymnasium in Berlin zur wahl gestellt. am 14 juli erhielt
Gurlitt seine entlassung mit der maßnahme dasz er das einkommen
seines bisherigen postens so lange behalte und die damit verbundenen geschäfte so lange versehe, bis er zu seiner neuen bestimmung
abgehen werde. es wurde in dem dimissoriale bemerkt, dasz die bedingungen, unter denen er den ruf nach Hamburg abzulehnen und
sich ferner seinem bisherigen amt zu widmen bereit sei, nicht erfüllt
werden könnten, auch deren gewährung ihn noch nicht gegen die
vom auslande ihm angebotenen vorteile entschädigen würden. [99]

Am 17 september 1802 hielt Gurlitt seine abschiedsrede, mit
welcher er sein amt als director der schule zu kloster Berge niederlegte. er verband damit zugleich die einführung des lehrers Ernst
Friedrich Gabriel Ribbeck und die entlassung von zehn abiturienten.
es war eine sehr feierliche stunde. Gurlitt schied von der anstalt,
ohne groll mitzunehmen und ohne irgendwelche feindselige stimmung
zu hinterlassen. er sagt in jener rede: 'ich danke es der vorsehung,
dasz ich mit dem bewustsein hingehe, durch alle jene mislichen lagen
und verhältnisse, durch alle jene zum feindseligen sinne leicht ver-
leitenden mishelligkeiten die anlage meines herzens zur humanität

---

[98] der Gurlitt nicht gewogene staatsrat Beyme, der damals das ohr
des königs hatte, scheint auf die entscheidung bestimmend gewirkt zu
haben. es gelangten amtliche wie private eingaben an die höchsten
stellen mit dem zwecke Gurlitt für kloster Berge zu erhalten. auch
der 83jährige Gleim richtete am 14 juli 'vor seinem nahen hingang in
die bessere welt' ein immediatgesuch an den könig; dieser antwortete
bereits am 19 juli, dasz er zwar Gleims gute absicht erkenne, aber sich
auf seine wünsche nicht einlassen könne, und zwar 'weil ich den grund-
satz habe, dasz derjenige, der sich für unentbehrlich hält, gerade am
entbehrlichsten ist'. (Körte leben Gleims 1811 s. 346.) erst kurz vor
seiner abreise von kloster Berge erfuhr Gurlitt von Gleims schritt und
dankte ihm in einem briefe vom 2 september, worauf Gleim am 7 d. m.
erwiderte (die beiden briefe hat R. Hoche im programm der gelehrtenschule des Johanneums zu Hamburg 1878 s. 27 f. aus dem archiv der
Gleimstiftung zu Halberstadt abgedruckt).

[99] acten des geheimen staatsarchivs zu Berlin.

und güte, zur offenheit und rechtschaffenheit nicht zerstört, sondern mehr ausgebildet und gebessert zu haben. ja, diesem sinne bin ich auch in der letzten epoche meines wirkens, wo mir in verbindung mit dem adjungierten herrn abt die direction der schule anvertraut war, unverrückt treu geblieben. . . ich gehe mit dem erfreuenden gefühle hinweg, dasz ich überall meine meinung gegen einen jeden offen geäuszert, dasz ich niemanden heimlich verleumdet, angeklagt, verfolgt, dasz ich dagegen manche bevorstehende unangenehme veränderung im stillen abgewendet und verhütet habe. fern aber sei es von mir, dasz ich mich von fehlern in der verwaltung ganz freispreche, denn ich bin ein mensch. auch habe ich das beruhigende bewustsein, dasz ich während einiger trauriger mishelligkeiten des herrn abt Resewitz und des convents über gegenseitige rechte nie feindselig gegen ihn und sein haus gesinnt gewesen bin, dasz das dankbare gefühl für die mir von ihm und seinem hause erwiesene freundschaft nie in meinem herzen erloschen ist.' [100] um ein bleibendes andenken an ihren geliebten lehrer zu besitzen, hatten die schüler der anstalt einen kupferstich von Seifferd anfertigen lassen, der Gurlitts edle züge treu darstellte, und ehe er seine abschiedsrede hielt, überreichten sie ihm ein warmempfundenes 'lied der wehmut', das kloster Berge seinem inniggeliebten Gurlitt weinend nachklagte. [101]

Ein reich gesegnetes feld der wirksamkeit eröffnete sich Gurlitt in seinem neuen Hamburger amte, in das er am 9 november 1802 eingeführt wurde und das er bis zu seinem am 14 juni 1827 erfolgten tode mit kraft und energie versah. [102]

Von den beiden in vorschlag gebrachten schulmännern verzichtete Nolte am 13 august zu gunsten des prof. Strass, der durch verfügung vom 9 november 1802 zum zweiten director der klosterbergischen schule ernannt wurde. seine bestallung datiert vom 11 januar 1803, das neue amt trat er am 15 märz desselben jahres an. während der vacanz versah der klosterprediger Joh. Tobias Heidmann die geschäfte des zweiten directors, die lehrer mag. Joh. Christoph Sarpe, Joh. Ernst Riepe und Wilh. Daniel Kessler übernahmen Gurlitts lehrstunden.

Joh. Gottl. Friedrich Strass, geboren am 10 märz 1766 zu Grüneberg in der Neumark, sohn eines predigers, besuchte das gymnasium zu Königsberg i. N. und das Joachimsthalsche gymnasium zu Berlin, studierte in Halle, wurde 1791 gouverneur in dem

---

[100] Gurlitts schulschriften 2, 13.

[101] C. Müller, der herausgeber der Gurlittschen schulschriften, hielt das 'lied der wehmut' für so ausgezeichnet, dasz er sich nicht enthalten konnte es 2, 13 mitzuteilen. 'wer der geistreiche, mit wahrhaftem dichtertalente begabte verfasser desselben gewesen sei, habe ich nicht erfahren.'

[102] über seine Hamburger wirksamkeit hat R. Hoche in dem anm. [99] erwähnten programm ausführlich berichtet.

erst neu organisierten cadettencorps in Berlin und wurde in dieser
stellung 1795 zum professor ernannt. der ausgezeichnete erfolg, mit
dem Strass seinem beruf am cadettencorps oblag, hatte vornemlich
seine berufung an das kloster Berge bewirkt. als nachfolger Gurlitts
hatte er eine nicht leichte aufgabe zu lösen, da es jetzt galt, das ansehen, zu welchem seines vorgängers tüchtigkeit die schule erhoben
hatte, dauernd zu erhalten. leider sind wir über die wirksamkeit des
neuen zweiten directors nur ungenügend unterrichtet, da aus jener
zeit acten, die über dieselbe aufschlüsse geben könnten, nur in geringer zahl erhalten sind. vorwiegend sind es die jahresberichte,
welche Schewe an das oberschulcollegium einsandte. dieselben
umfassen die jahre 1803—1805, in denen die anstalt von durch-
schnittlich 65 schülern besucht war (nemlich 1803 : 71, 1804 : 71,
1805 : 54). ein sehr anerkennendes urteil fällte Schewe über Strass
in dem jahresbericht von 1803: 'er steht seinem posten rühmlich
vor; er weisz ernst und liebe glücklich mit einander zu verbinden
und das richtige ehrgefühl der erwachsenen zöglinge zum wohle der
anstalt zu benutzen. überall geht er mit einer lobenswerten bedacht-
samkeit und vorsicht und mit gewissenhafter unparteilichkeit zu
werke.' hinsichtlich seines unterrichtes äuszert sich Schewe dahin,
dasz geschichte, geographie und statistik seine hauptfächer seien,
dasz er sich aber auch in den alten sprachen sehr gute kenntnisse
erworben habe, mit nutzen unterrichte, ganz seinem amte lebe
und allgemeine achtung und liebe geniesze.

Strass wurde in seiner wirksamkeit von einem tüchtigen lehrercollegium unterstützt. die vier conventualen waren der bewährte
mathematiker Lorenz, der kurz vor seiner pensionierung am 16 juni
1807 starb, der klosterprediger Joh. Tobias Heidmann, der im juli
1807 pastor in Krakau und Prester wurde, ferner Karl Ehrenfried
Matthisson, nach aufhebung der schule pastor in Bahrendorf, Joh.
Friedr. Aug. Evers, seit 1807 pastor in Eggersdorf.[103] allein trotzdem
machten sich überall die anzeichen des verfalles der anstalt geltend;
einerseits blieb die frequenz eine verhältnismäszig geringe, ander-
seits muste der fortwährende lehrerwechsel nachteilig auf die entwicklung der anstalt wirken; endlich wirkte auch wohl der umstand
nicht vorteilhaft, dasz auf einem engbegrenzten raume und in un-
mittelbarer nähe vier gelehrtenanstalten sich befanden, welche sämtlich ihre zöglinge für die universitätsstudien vorbereiteten. die drei
höheren schulen Magdeburgs, nemlich das domgymnasium, das
pädagogium zum kloster U. L. Fr. und das altstädtische gymnasium
zählten zu ihren zöglingen zwar vorwiegend einheimische schüler,
während kloster Berge fast nur von auswärtigen schülern besucht

---

[103] dazu kamen sechs lehrer: mag. Joh. Christoph Gustav Sarpe,
Wilh. Daniel Kessler, Ernst Friedrich Gabriel Ribbeck, Karl Heinrich
Päszler, der ostern 1806 wegen des entdeckten versuches der päderasterie
floh, Ernst Christoph Behrends und Friedrich Christian Seidel; auszerdem
der französische sprachlehrer Flamant.

war; aber wir werden nicht irren, wenn wir annehmen, dasz zwischen diesen vier anstalten eine gewisse rivalität herrschte, welche für die eine oder andere nicht ohne nachteilige folgen blieb. dazu kam, dasz das domgymnasium und das pädagogium zum kloster U. L. Fr. sich eines sehr guten rufes erfreuten, da sie von auszerordentlich tüchtigen rectoren geleitet wurden; denn der consistorialrat Gottfried Benedict Funk und der propst Gotthold Sebastian Rötger galten als hervorragende autoritäten in der pädagogischen welt. dem director Strass waren diese thatsachen nicht entgangen; er reichte am 25 october 1804 an die vorgesetzte behörde ein privatschreiben ein, in welchem er gewichtige besorgnisse über den verfall der klosterbergischen schulanstalt äuszerte. leider findet sich dies schreiben nicht in den acten, da es privater natur war.

Eine weitere quelle für die geschichte der schule unter Strass' directorat bilden die von ihm herausgegebenen schulprogramme, von denen zwar nicht alle, aber doch die meisten noch vorhanden sind. [104]

Das osterprogramm von 1803 enthält seine am 15 märz desselben jahres gehaltene antrittsrede, in der er sich über collegialische freundschaft unter schulmännern aussprach. das eigenartige thema war vielleicht mit rücksicht auf die früheren differenzen gewählt, welche zwischen Schewe und Gurlitt geherscht hatten. Strass sagt darin: 'gewis, es gibt keinen erfreulichern anblick, als den einer bildungsanstalt, deren sämtliche mitglieder von éinem geiste belebt, geräuschlos, aber unermüdet für das wohl der heranwachsenden generation und durch sie in immer sich erweiternden kreisen für das wohl der menschheit wirken, wo die verschiedenheit der meinungen nie verderbliche trennungen hervorbringt, sondern durch freundschaft und wahrheit geprüft, zur fortschreitenden verbesserung des ganzen den weg bahnt, wo die wünsche und zwecke der einzelnen in den höchsten zwecken aller zusammentreffen, wo die manigfaltigkeit der temperamente und charactere, der fertigkeiten und kenntnisse, weit entfernt, der übereinstimmung in den grundsätzen eintrag zu thun, vielmehr das ideal einer glücklich organisierten gesellschaft vollendet.' mit diesem programm (16 s.) lud er zur öffentlichen redeübung ein, mit der die entlassung von 6 abiturienten verbunden wurde. im nächsten jahre (1804) beschränkte er sich bei der abfassung des programms nicht auf die veröffentlichung einer abhandlung ('fragment über die pflicht des erziehers, auf den geist des zeitalters rücksicht zu nehmen' 22 s.), sondern er lieferte auch schulnachrichten (s. 23—47), indem er es für seine pflicht hielt, die von Gurlitt

---

[104] infolge der cabinetsordre vom 12 april 1803 erhielt Strass für den mittags- und abendtisch seiner frau einschlieszlich der getränke jährlich den betrag von 182 thlr. 19 gr. 6 pf. und durch verfügung vom 15 sept. 1803 wurde der ansehnliche betrag von 91690 thlr. 15 gr. 10 pf., welchen die klosterbergische küchencasse der klösterlichen procuratur bis zum 31 mai 1803 schuldete, niedergeschlagen.

seit 1797 getroffene und in mehr als einer hinsicht nützliche einrichtung beizubehalten.[105] aus diesen schulnachrichten notieren wir,
dasz seit mich. 1802 33 schüler aufgenommen und dasz folgende
änderungen im lehrplan eingetreten waren: einführung der statistik
in der 1n geographischen classe, der allgemeinen encyklopädie[106] in
I und IIa; ferner waren als lehrbücher eingeführt: Niemeyers lehrbuch in der religion in I und II und Fülleborns lehrbuch der rhetorik
in I; dagegen war Eschenburgs theorie und litteratur der schönen
wissenschaften in I beibehalten. für die französische lectüre waren
seit ostern 1803 Marmontels nouveaux contes moraux in II und
Berquins ami des enfans in III und IV eingeführt. um zu noch
gröszerem fleisze aufzumuntern, sollten von jetzt ab auszer den
deutschen und lateinischen auch französische redeübungen angestellt
werden. die von Gurlitt 1799 groszenteils durch beiträge von freunden und ehemaligen zöglingen der anstalt geschaffene schulbibliothek
zählte 1803 schon 302 bände und war seitdem um 50 bände vermehrt worden. zu michaelis 1805 lud Strass zu der 'im pädagogium
zu kloster Berge am 26 und 27 sept. anzustellenden öffentlichen
prüfung der classen' durch ein programm ein, dem er die abhandlung
'versuch einer allgemeinen einleitung in die wissenschaftenkunde'
beifügte. nach der prüfung fand die verteilung der prämien des
fleiszes und wohlverhaltens und die entlassung von 5 abiturienten
statt. zu ostern 1805 war der abiturient Johannes Schulze entlassen
worden, der sich durch sein stets beifallswertes verhalten nicht nur
seit $1^1/_2$ jahren einen platz in der ersten sittenclasse, sondern auch
seit einem jahre den des ersten sittenprimaners erworben hatte.
er ist der spätere docernent für das höhere schulwesen im preuszischen
unterrichtsministerium, der wirkliche geheime oberregierungsrat
Schulze, der seine wissenschaftliche vorbildung in kloster Berge erhalten hat.

Hinsichtlich der ferien waren wesentliche änderungen eingetreten. schon im sommer 1804 waren vierwöchentliche hundstags-
ferien eingeführt, die ihr ende in den ersten tagen des august
erreichten; daher fand eine beschränkung der dreiwöchentlichen
osterferien auf 14 tage, der vierzehntägigen michaelisferien auf eine
woche, der pfingstferien auf 4 tage statt.

Zu ostern 1805 erschienen neue 'gesetze des pädagogiums zu

---

[105] in einem von Gurlitt bei seiner einführung in Hamburg verteilten programm von 1802, das mit einer abhandlung über Ossian erschien, hatte Gurlitt die klosterbergischen annalen bis michaelis 1802
fortgeführt, d. h. bis zu dem zeitpunkte, wo, wie Strass sagt, Gurlitt
sein mit ausgezeichnetem ruhme geführtes amt niederlegte.

[106] dieser lection, die auch encyklopädie der wissenschaften genannt
wurde, legte Gurlitt einen sehr hohen wert bei. in ihr, sagt er, lernt
der jüngling den ganzen edlen und zweigereichen stammbaum menschlicher wissenschaft überschauen und erhält durch das pflücken einiger
blüten von allen anreiz zum erwerb der vollen und soliden früchte
derselben.

kloster Berge bei Magdeburg' (54 s. 8.), die einem längst gefühlten dringenden bedürfnisse abhalfen. sie waren vom abt und oberdirector Schewe entworfen und vom oberschulcollegium in Berlin bestätigt worden. in 187 paragraphen war eine ausführliche schulordnung gegeben, welche das verhalten der schüler gegen vorgesetzte und lehrer, gegen mitschüler, gegen die zur bedienung bestellten personen, gegen fremde, bei den religionsübungen, in den lehrstunden, auf der stube, bei tische, in den erholungs- und spielstunden, beim ausgehen, bei den prüfungen, redeübungen und schulversammlungen, in ansehung des verreisens und der schulferien, in ansehung der ökonomie und bei krankheiten auf das genauste regelte. auch eine übersicht des lectionsplanes und der übrigen tagesordnung war gegeben. die letztere war folgende: im sommer 6—7 studierstunde, 7—11 unterricht in 6 classen, 11—12 studierstunde, 1—5 unterricht (mittwochs und sonnabends 3—5 studierstunde), 5—7 studierstunde (auszer mittwoch und sonnabend), 8—9 erholungsstunde, 9—10 studierstunde. im winter begann die vormittagslection 1 stunde später.

Das michaelisprogramm von 1806 enthält zwei schulreden von Strass; die erste war am 5 april 1805 zur austeilung der schulprämien und zur entlassung eines abiturienten, die andere am 28 märz 1806 zur austeilung der schulprämien und zur entlassung der abiturienten gehalten. das genannte spricht in den angeschlossenen schulnachrichten von einer sehr merkwürdigen änderung der bisherigen organisation der anstalt, welche nur zu sehr geeignet war, die letztere des charakters einer gelehrtenschule zu entkleiden. es handelte sich um nichts geringeres als um die dispensation vom lateinischen unterricht für solche, welche sich nicht für das akademische studium bestimmt haben, sondern sich der militärischen laufbahn, dem forstfach, der landwirtschaft und ähnlichen bestimmungen widmen, die eine frühzeitige unmittelbare vorbereitung erfordern. diese einrichtung wurde auf wunsch der eltern der zöglinge getroffen und zwar trat an stelle des lateinischen unterrichts der unterricht im französischen und im geometrischen, militärischen und architektonischen zeichnen. auch wurde der zeichenunterricht von jetzt an obligatorisch und auf allgemeine anordnung der schulbehörde der unterricht in der polnischen sprache eingeführt, damit diejenigen beamten, die infolge der erwerbung der polnischen anteile in den polnischen provinzen gebraucht würden, in den stand gesetzt würden, sich der bevölkerung verständlich zu machen. ostern 1806 wurde in der that ein solcher unterricht für die beiden oberen classen in kloster Berge und im kloster U. L. Fr. eingerichtet, obgleich propst Rötger auf die schwierigkeiten aufmerksam gemacht hatte, die einem solchen unterrichte entgegenständen. derselbe wurde in die hand eines polnischen edelmannes, Karl Kasimir v. Buchowsky aus Lemberg, der vorher lehrer am königl. Lyceum zu Warschau gewesen war, gelegt. zunächst erhielten die zöglinge der beiden ersten lateinischen classen, welche die rechte zu studieren beabsichtigten, diesen unter-

richt in zwei wöchentlichen stunden.[107] die übrigen sechs lehrstunden
des herrn v. Buchowsky wurden bis auf weiteres dem elementar-
unterricht in der geometrie, arithmetik und im latein gewidmet. die
einrichtung bestand jedoch nur ein halbes jahr, denn die schlacht
bei Jena befreite Preuszen von dem unnatürlichen zuwachs. herr
v. Buchowsky trat 1807 als officier in die polnische legion ein, als
dieselbe in Magdeburg im quartier lag.

Sehr verhängnisvoll war für kloster Berge die katastrophe des
jahres 1806. schon 1805 war von dem ingenieur-departement mit
allerhöchster genehmigung die verschanzung des klosters für den
fall angeordnet, dasz die festung Magdeburg angegriffen würde.
nach der unglücklichen schlacht bei Jena war kein zweifel mehr,
dasz diese anordnungen zur ausführung kommen würden. noch am
abend des 15 october waren die mitglieder der mittwochsgesellschaft,
welche die angesehensten und gebildetsten männer Magdeburgs zu
einem geselligen kreise vereinigte, bei dem abte Resewitz zu einem
fröhlichen mahle vereinigt, ohne das unglück zu ahnen, von welchem
Preuszen betroffen war und das nun drohend sich auch der heimat-
lichen provinz näherte. beunruhigende, sich unaufhörlich wider-
sprechende gerüchte hatten sich seit dem tage von Saalfeld verbreitet,
aber von dem unglücke des 14 october war noch nichts bekannt.
bald jedoch sollten auch für kloster Berge unruhige tage herein-
brechen. der klosterhof wurde verschanzt, 80—100 schanzgräber
waren geschäftig die stillen mauern von kloster Berge in wälle für
kanonen umzuschaffen; die zugänge wurden barrikadiert und die
im klostergarten und bei der Bleckenburg befindlichen obstbäume
(1710 an zahl), weiden (2592 stück), hecken usw. wurden nieder-
gehauen. die herliche, mehr als 500 schritt lange, der 'poetengang'
genannte allee von zwei- bis dreihundertjährigen eichen und ulmen
fiel unter den äxten der belagerten besatzung.[108] überdies hatte das
kloster auch noch durch das abbrennen des klosterhofes zu Prester
einen beträchtlichen verlust zu erleiden; der befehl dazu wurde seitens des französischen belagerungscorps unter dem vorwande erteilt,
dasz die einwohner von Prester den belagerten lebensmittel zugeführt hätten.

Da die militärischen befehlshaber wiederholt versicherten, dasz
mit der verschanzung des klosters nur sicherheitsmaszregeln auf den
äuszersten fall der not getroffen würden, so sah sich die direction
nicht veranlaszt, weitere schritte betreffs des unterrichtes, der sicher-
stellung der sammlungen usw. zu thun, zumal da die erklärung ab-
gegeben war, dasz, wenn ja wider verhoffen die räumung des klosters
erforderlich sein sollte, wenigstens acht tage vorher eine anzeige er-
folgen sollte. so wurden noch am 16 oct. die lehrstunden bis zum

---

[107] das lehrbuch war C. Mrongovius polnische sprachlehre für Deutsche.
2e aufl. Königsberg 1805.
[108] das kloster berechnete den gesamten schaden auf 13909 thlr.
16 gr. 10 pf.

abend gehalten. aber schon am 17 wurde vom gouvernement nicht
nur ein commando von 120 mann eingelegt, das bald nachher ver-
doppelt wurde, sondern auch plötzlich der befehl zur schleunigen räumung des klosters gegeben. es galt nun die geeigneten maszregeln
mit umsicht zu treffen. diejenigen zöglinge, welche ihre heimat noch
früh genug erreichen konnten, und diejenigen, für welche angehörige
in Magdeburg die sorge übernehmen wollten, wurden entlassen.
24 der entferntesten schifften mit ihren effecten, da keine wagen zu be-
schaffen waren, auf einem vom director bereit gehaltenen Elbkahne in
begleitung des directors und zweier lehrer nach Sandau bei Havelberg
und verteilten sich dort auf den verschiedenen wegen nach ihrer heimat,
die sie auch alle ohne bedeutenden unfall erreichten. die klösterliche bibliothek [109], die lesebibliothek, die naturaliensammlung, das
physikalische cabinet usw. wurden nach Magdeburg gebracht, so sehr
auch die überall herschende verwirrung und die zunehmende wild-
heit der im kloster befindlichen soldaten den transport erschwerte.
dasz eine menge effecten aller art, teils klösterliches, teils privat-
eigentum, aus mangel an zeit und hilfe zurückblieb, dasz vieles bei
der allgemeinen meinung, das kloster bliebe doch nicht stehen, in
fremde hände geriet oder zerstört wurde, ist leider wahr. desto
gröszer war die freude, als die der zerstörung entgangenen klostergebäude wieder bezogen werden durften und manches auch noch so
unbedeutende stück sich wiederfand. bald nach der traurigen über-
gabe Magdeburgs an die Franzosen durch den general v. Kleist
(11 nov. 1806) erteilte der marschall Ney auf bitte des abtes den
befehl zur wiedereröffnung der schule, und nachdem zunächst die aus
der nähe zusammenberufenen zöglinge sich eingefunden hatten, begann der unterricht bereits am 15 nov. auch die entfernteren fanden
sich, so weit es die verhältnisse eines jeden gestatteten, wieder ein;
mit dem anfang des jahres 1807 waren schon gegen zwei drittel
zurückgekehrt. so setzte denn die schule ihre thätigkeit unter der
französischen herschaft und unter dem speciellen schutz des gouver-
neurs von Magdeburg, des divisionsgenerals Eblé, fort.

Im jahre 1809 veröffentlichte Strass eine 'ausführliche nachricht von der jetzigen einrichtung des pädagogiums zu kloster Berge'
(115 s. 8.). in der 'vorerinnerung' nennt er die klosterschule eine
der ältesten bildungsanstalten Deutschlands, die schon in zeiten, wo
es noch sehr an schülern fehlte, einen ausgezeichneten ruf erlangte,
den sie unter ihren zahlreichen jüngeren schwestern, begünstigt von

---

[109] dieselbe war allmählich auf c. 11000 bände angewachsen. bei
der eile, mit der die überführung nach Magdeburg geschah, und bei
der wenig sorgfältigen art der überführung (alle bücher wurden wie
auch die acten des archivs auf offene wagen geladen) ist sicherlich
manches wertvolle buch verloren gegangen. während des sommers 1807
fand die zurückführung der bibliothek nach kloster Berge statt. s. das
mich.-programm von 1807 ('nachricht von den ereignissen am pädagogium zu kloster Berge vom oct. 1806 bis dahin 1807'), welchem die
s. 60 anm. [66] angeführte abhandlung über J. F. Lorenz beigefügt ist.

einer vorzüglichen lage, von guten hilfsmitteln und von dem verständigen eifer talentvoller arbeiter, auch später behauptete. der erste abschnitt behandelt die gegenstände des unterrichts, den lehrplan und die methode, der zweite die erziehung, wobei die günstige lage der anstalt, gesundheitspflege, krankenpflege, unterhaltung einer stetigen nützlichen thätigkeit, erholungen, gesetze, genaue aufsicht, strafen, belohnungen, censur, sittenclassen, conferenz zur besprechung kommen. im dritten abschnitt werden die jetzigen lehrer des pädagogiums genannt, der letzte abschnitt handelt von den kosten. die höchste ordentliche pension betrug 176 thlr. gold, die gewöhnliche 109 thr. gold, dabei bestanden 15 freistellen; wer das halbe beneficium genosz, zahlte 59 thr., wer das ganze genosz, 30 thlr. für den unterricht. der unterricht war nach dem system der getrennten lectionsclassen oder so geordnet, dasz die in éiner sprache oder wissenschaft zu erteilenden lectionen zu gleicher zeit gegeben wurden. die schwierigkeiten der einrichtung eines solchen lectionsplanes und der bei lehrerveränderungen sowohl als bei dem anfang eines neuen cursus nötigen abänderungen desselben wurden durch seine vorzüge vor dem system der feststehenden classen weit überwogen. jeder schüler, sei er eben erst aufgenommen oder seit jahren bereits an der anstalt, befindet sich, so sagt Strass, in absicht jedes faches genau in der classe, wohin er nach seinen leistungen und fortschritten gehört und wo er an kenntnissen und fertigkeiten gewinnen kann. niemals wird ein schüler in einer classe, deren pensum er gehörig absolviert hat, deshalb zurückgehalten, weil er in anderen lectionen erst nachholen müsse, noch weniger in einem oder dem andern fache vor der zeit befördert, weil es die gesamtheit seiner kenntnisse fordere. ebenso eigentümlich wie das system der getrennten lectionsclassen war die einrichtung der fünf sittenclassen. 'das allgemeine und auf die genaue prüfung der denkungsart und der sitten der zöglinge gegründete urteil bestimmt auch ihren rang in absicht der sittenclassen, in welchen vierteljährlich diejenigen, die ansprüche darauf machen können, weiter befördert werden.' die erste sittenclasse genosz besondere vorzüge; die derselben zugeteilten zöglinge hatten die freiheit, in den erholungsstunden ohne aufsicht und ohne eine karte bei der pforte abgeben zu dürfen spazieren zu gehen und auf blosz mündlich bei dem director nachgesuchte erlaubnis besuche in der stadt zu machen.

Im latein wurde Bröders grammatik (die kleine in IV und III b, in den anderen classen die grosze) gebraucht, in III b waren zur lectüre bestimmt Bröder lectiones latinae, Eutrop, Lieberkühn Robinson secundus nach der Gedikeschen ausgabe, Döring lat. lesebuch; in III a Nepos und Phädrus, II b Sallust, Cic. briefe, Ovid met.; II a Cic. reden, Livius oder Terenz cursorisch, Vergils Aeneis, I Cic. reden bes. in Verrem, rhetorische und philosophische schriften (de orat., Brutus, Tusc., off., de nat., de fin.), Quintilian buch X, Tacitus, Sueton, Horaz, bisweilen Juvenal oder Plautus. griechisch in 4 classen: Buttmann grammatik, Jacobs elementarbuch, Herodian, Xen. Cyrop., Lucians dialoge, Homer, Thucydides, Herodot, Plato, Demosthenes, Isokrates, Hesiod, Sophokles, Euripides, Aristophanes, Pindar, Theokrit ua. **französisch** in 4 classen: Debonale sprachlehre, IV Gedike lesebuch, III Berquin ami des enfans, Marmontel contes moraux, II Ideler handbuch, ebenso in I, dazu Molière, Boileau, Voltaire (Henriade), auswahl aus mélanges de littérature française; **hebräisch** facultativ in 3 classen; **deutsch** 4 classen; **religion** 3 classen, Hanstein leitfaden in III, Niemeyer lehrbuch in II und I; **geographie und statistik** 3 classen; **geschichte** 4 classen: IV orientierend, III deutsche, II alte (griechische u. römische), I europäische staatengeschichte; **naturbeschreibung** 3 classen: III zoologie, II botanik nach Lorenz leitfaden der theoretischen und praktischen botanik, und mineralogie, I anthropologie; **naturlehre**: I Nicolai anfangsgründe der experimentalnaturlehre; **mathematische wissenschaften**: 1) arithmetik 4 classen, 2) geometrie 4 classen; **philosophie** 2 classen: II logik, I allgemeine encyklopädie.

Sowohl die 'ausführliche nachricht' als auch das programm von 1809 lieszen einen neuen aufschwung der anstalt erwarten; leider wurden alle hoffnungen, die sich an jene knüpften, zerstört, als das decret der westfälischen regierung vom 10 december 1809 [110] erschien,

---

[110] Décret royal du 10 décembre 1809, portant réunion de quelques universités et autres établissemens d'instruction.

Jérome Napoléon, etc.

Considérant qu'un nombre d'universités et d'autres établissemens destinés à l'instruction publique, trop disproportionné à la population et aux ressources du Royaume, est, sous beaucoup de rapports, plutôt nuisible qu'avantageux aux sciences et au véritable intérêt public; que, sans s'écarter essentiellement de l'intention des fondateurs, on parviendrait, par la réunion de quelques-uns de ces établissemens, non seulement à rétablir une juste proportion entre les moyens d'instruction et les besoins de nos peuples mais aussi en même tems à consolider la durée des établissemens maintenus, à augmenter et à multiplier les avantages qui distinguent les instituts les plus célèbres, en leur procurant des ressources plus étendues; que ces réunions procureront l'avantage de pourvoir, sans aucun surcroit de charges pour nos sujets, aux places vacantes de professeurs, en y appelant, soit les professeurs les plus habiles et les plus célèbres des instituts réunis, soit les savans que nous nous empresserons d'attirer dans nos Etats; sur le rapport de notre ministre de l'intérieur; Notre Conseil d'Etat entendu; Nous avons décreté et décretons ce qui suit:

Art. 1. Il n'y aura dans notre royaume que trois universités, savoir: les universités de Goettingue, de Halle et de Marbourg, auxquelles les universités de Helmstaedt et de Rinteln sont réunies.

Art. 2. Seront également réunis aux universités mentionnées dans l'article précédent, l'institut de Klosterbergen, près de Magdebourg, et le séminaire de Riddagshausen, près de Brunswick.

Art. 3. Les réunions prescrites par les articles 1 et 2 seront consommées à dater du premier mai 1810.

Art. 4. Le college Carolin à Brunswick est définitivement remplacé par l'école militaire, que nous y avons établie.

durch welches das pädagogium aufgehoben und die einkünfte vorzugsweise zur unterhaltung und unterstützung der universitäten zu
Göttingen, Halle und Marburg bestimmt wurden. das genannte
decret führte den todesstreich zugleich gegen die universitäten zu
Helmstedt und Rinteln und gegen das Carolinum zu Braunschweig.
man kann sich die bestürzung denken, welche dasselbe hervorbrachte.
über das schicksal der unter Strass wieder aufblühenden anstalt verfügte in vernichtender weise ein einziges schreiben, in welchem die
schlieszung der anstalt mit dem schlusz des wintersemesters angeordnet wurde. ob irgend welche schritte geschehen sind, um die aufhebung bzw. die rücknahme des decrets zu erwirken, ist nicht bekannt: die thatsache steht fest, dasz sich am 30 märz 1810 für alle
zeit die hörsäle der berühmten anstalt schlossen, welche von 1686
an 2200 zöglingen unterricht und erziehung gewährt hatte. wenige
tage vorher hatte der consistorialrat Funk als königlicher com-
missarius den abiturienten den glücklichen erfolg ihrer prüfung an-
gekündigt.

Eine sehr ernste stunde vereinigte lehrer und schüler des klosters
zum letzten male an jenem tage. Strass hielt die rede.[111] 'die stunde
ist gekommen, so begann er, in der, was hier seit jahrhunderten
blühte und rühmlich bestand, sich auslösen soll für immer .. uns,
die wir heute von einander scheiden, uns war unter den tausenden,
die in diesen mauern veredlung suchten und beförderten, das traurige
los aufgespart, den tag der vernichtung zu sehen.' nicht ihnen, die
jetzt sich trennten, sei der untergang der anstalt zuzumessen, vielmehr hätten die von übelwollenden männern verbreiteten gerüchte
von dem reichtum der anstalt im verein mit andern unfällen, wie der
geringen frequenz der schule, der nähe zweier besuchter gymnasien

---

Art. 5. Les revenues des universités et instituts réunis seront affec-
tés à l'entretien des universités de Goettingue, Halle et Marbourg.

Die folgenden artikel 6—9 beziehen sich auf die anstellung der bisherigen professoren und lehrer, auf ernennung von kommissarien zur
aufstellung des inventariums von den grundstücken und einkünften der
aufzuhebenden anstalten sowie zur verteilung der beweglichen sachen
und die art der künftigen verwaltung der güter und einkünfte der ver-
einigten lehranstalten.

Art. 10. Notre ministre de l'intérieur est chargé de l'exécution du
présent décret, qui sera inséré au bulletin des lois.

Donné à Paris, le 10 décembre an 1809, troisième année de notre
règne. Signé, Jérome-Napoléon.

Das decret erschien im 'gesetz-bulletin des königreichs Westfalen'
und im 'moniteur du royaume de Westfalen' nr. 1 vom 2. januar 1810
in französischer und deutscher sprache.

[111] sie erschien im programm des gymnasiums zu Nordhausen von
1815 als die erste der beiden von Strass gehaltenen reden. 'erste rede,
gehalten am 30 märz 1810 bei der auflösung des pädagogiums und der
gelehrten schule zu kloster Berge' s. 5—21. die zweite vom 19 oct.
1812 hielt er beim antritt des schuldirectorats in Nordhausen (s. 22—39. 8).
in dem vorbericht bemerkt Strass: 'dasz die erste rede in den zeiten
der schmach nicht gedruckt werden durfte, ergibt sich von selbst'.

u. a. ihr ende herbeigeführt. sodann sprach Strass von dem reichen
segen, den das kloster während seines fast 900jährigen bestehens
verbreitet hat. indem er den letzten abiturienten ihre wohlverdienten
zeugnisse überreichte, forderte er sie auf durch ernsten fleisz, durch
reinheit und adel des charakters sich an die reihe der ausgezeichneten
männer anzuschlieszen, die hier gebildet seien. die schüler, die früher
als es ihre absicht war von hier scheiden müsten, um sich auf andern
schulen weiter fortzubilden, ermahnte er zu zeigen, dasz sie im kloster Berge einen guten grund gelegt hätten. dem anwesenden abte
Schewe dankte er für jeden bewois seines vertrauens, für jede freundliche mitwirkung in berufsangelegenheiten. 'Sie haben in diesen
mauern die höchste auszeichnung, aber auch unaufhörliche sorgen,
manche kränkung und den herbsten schmerz erlebt, und während
eine lange reihe Ihrer berühmten vorfahren in dem fast ungestörten
genusse einer wohlthätigen wirksamkeit eine edle belohnung für
manche mühe fand, war Ihnen der stete kampf mit ungewöhnlichen
schwierigkeiten in beispiellosen zeiten aufbewahrt, bis dennoch der
schlag der vernichtung eine anstalt traf, welche der nachwelt unver-
sehrt zu erhalten, das schönste ziel Ihres strebens sein muste.' seinen
bisherigen mitarbeitern an dem werke der jugenderziehung dankte
er für ihre treue unterstützung und bat sie um ihre fernere freundschaft. 'unsere bürgerliche verbindung hört auf, aber vereint bleiben
unsere herzen und unzerstörbar jenes heilige band, welches alle, die
für das wohl der menschheit zu wirken kraft und willen haben, um-
schlingt. wohlan! haben wir redlich das unsere gethan, so werden
wir uns den fügungen einer höheren macht, wenn auch mit schmerz-
lichen gefühlen, doch mit ergebung unterwerfen. ist hier unser
tagewerk vollbracht, so müssen wir mit erneuter kraft in andern
kreisen wirken, so lange es tag ist. wir scheiden! herr der schick-
sale, dein wille geschehe!' mit diesen worten schloss Strass seine
ergreifende rede.

Was wurde nach aufhebung der schule aus dem lehrercollegium?
der abt Schewe verlebte den rest seiner lebenszeit ungehindert und
ruhig im kloster, bis er am neujahrstage 1812 im 61n lebensjahre
sanft entschlief. dem director Strass wurde 1812 die leitung des
gymnasiums zu Nordhausen übertragen. er trat dies amt am 19 oct.
1812 an und verwaltete es bis 1820, wo er die leitung des gymnasiums zu Erfurt übernahm. in beiden ämtern bewährte er sich als
ein tüchtiger schulmann, der mit groszem sittlichem ernst eine reiche
pädagogische erfahrung und einsicht verband. bei seinem 50jährigen
dienstjubiläum ward ihm die anerkennung seiner behörde in reichstem
masze durch verleihung des roten adlerordens 2. cl. mit eichenlaub
zu teil. In seinem 77n lebensjahre legte er sein amt nieder und begab sich nach Glatz, um im kreise der seinigen seine tage zu beschlieszen. hier starb er ende 1842. sein handbuch der alten geschichte (2 bde.) hat sich lange zeit der grösten aufnahme zu erfreuen
gehabt; für das mittelalter wurde es später von Havemann fort-

gesetzt. — die übrigen lehrer wurden meist mit pfarrstellen bedacht; der klosterprediger Karl Ehrenfried Matthisson wurde pastor in Bahrendorf, der mag. Tiemann erster prediger in Glaucha bei Halle, die lehrer Kunschke und Pfeffer erhielten die pfarre in Fienstädt und Aken; der oberlehrer Sarpe blieb zunächst noch prediger der klosterbergischen gemeinde und erhielt zugleich das inspectorat des schullehrerseminars, 1815 wurde er professor der griechischen litteratur und rector des stadtgymnasiums zu Rostock; Karl Wilhelm Hindenburg erhielt eine oberlehrerstelle am gymnasium zu Heiligenstadt und Karl August Döring lebte bis 1813 unbeschäftigt auf wartegeld; er ist als erbauungsschriftsteller und vorläufer der innern mission bekannt geworden und starb 1844 als pastor in Elberfeld. [112]

Wir haben nun noch über das fernere schicksal des klosters und die verwendung der reichen einkünfte zu berichten.

Der im jahre 1813 ausgebrochene krieg vollendete das unglück des klosters. bei der hohen lage desselben in vergleich zu dem hauptfort der festung Magdeburg, dem Stern, hätte es den belagerern leicht einen besonderen vorteil gewähren können, sowie es denn allezeit bei der verteidigung des Sternes hinderlich war. unter diesen umständen ordnete das französische gouvernement in der meinung, dasz bei einer etwaigen belagerung Magdeburgs der feind sich unter dem schutze der klostergebäude der festung nähern könne, schon im april die gänzliche niederreissung des klosters mit seinen stattlichen gebäuden an und bald nachher wurde mit niederreissung der öconomiegebäude der anfang gemacht. schon im februar 1814 waren bis auf einige starke mauern und das pfarrhaus alle groszen und schönen gebäude des klosters niedergerissen. nach den bei der liquidationscommission eingereichten taxationsverhandlungen betrug der verlust des klosters im ganzen 149419 thlr.; davon entfiel auf den durch niederreissung des klosters und sämtlicher wirtschaftsgebäude entstandenen schaden der betrag von 137251 thlr.

Noch im jahre 1816 wurde die wiederherstellung der klösterlichen gerichtsbarkeit beantragt, aber vom ministerium abgelehnt. die preuszische regierung bestimmte das vermögen der ehemaligen schulanstalt, das sie als besonderen studienfonds vorfand, demnächst ausschlieszlich zur unterhaltung der universität Halle, welche über 15000 thaler erhielt. im jahre 1816 wurden auszerdem gegen 1000 thaler teils zur besoldung von volksschullehrern in Magdeburg und drei dem kloster gehörigen dörfern Buckau, Calenberge und Prester bestimmt, teils zur unterhaltung des schullehrerseminars zu Magdeburg verwendet.

Die erwägung, dasz die vom kloster verliehenen zehn ganzen und zehn halben freistellen an zöglinge des klosters als eine dauernde erinnerung zu erhalten seien, bestimmte die regierung, diese ehemaligen klosterbergischen beneficien wiederherzustellen, aber nicht

---

[112] allg. deutsche biogr. 5, 348.

dem pädagogium zu Halle, das dieselben von der aufhebung des klosters an infolge der verwendung des damaligen directors der Franckeschen stiftungen, kanzler Niemeyer, genossen hatte, zuzuwenden, sondern die beiden gymnasien zu Magdeburg, das domgymnasium und das pädagogium zum kloster U. L. Fr., als die vorzüglich berechtigten und würdigsten, mit jenen beneficien zu dotieren. so genehmigte denn das ministerium durch verfügung vom 2 august 1819, dasz die beiden genannten anstalten mit je fünf beneficien oder mit 500 thlr. à 100 thlr. zu dotieren seien, das übrige drittel der stiftung aber unter die domschule zu Halberstadt und die gymnasien zu Salzwedel und Stendal gleichmäszig verteilt werden sollte, so dasz die letzteren über je ein stipendium à $41^2/_3$ thlr. zu verfügen hätten. die über die verleihung der 1500 thlr. entworfenen reglements wurden am 21 märz 1823 genehmigt und durch cabinetsordre vom 9 april desselben jahres bestätigt. hiernach wurde auch bis zum jahre 1825 verfahren. da erschien am 30 december desselben jahres das rescript, dasz bei der notwendigkeit der einschränkung aller ausgaben bei dem klosterbergischen fonds die im etat zu stipendien ausgesetzten 1500 thlr. vom nächsten jahre ab nicht mehr zur auszahlung gelangen würden. zwar wurde am 18 februar 1826 die fortdauer des v. Münchhausenschen stipendiums[113] von 100 thlr. gestattet, auch die zusicherung erteilt, dasz die übrigen 1400 thlr. nicht für alle zeiten, sondern nur für jetzt bis auf weitere bestimmungen eingezogen werden sollten. allein es vergiengen erst 20 jahre, ehe die verleihung wieder stattfand. auf den antrag des directors des Magdeburger domgymnasiums und consistorialrats Funk und auf verwendung des provinzialschulcollegiums genehmigte das ministerium am 20 februar 1847 die neue verleihung des stipendiums vom jahre 1848 ab, nachdem sich ergeben hatte, dasz das vermögen der klosterbergischen stiftung stark genug sei, diese ausgaben an stipendien zu ertragen. während nemlich die einnahmen der stiftung 1826 die summe von 25688 thlr. betrugen, waren dieselben für den etat 1844/47 mit 33900 thlr. angesetzt. diese einnahmen gestatteten den ausgabebetrag des zuschusses an öffentliche bildungsanstalten von 18956 thr. (etat von 1826) auf 21697 thlr. zu erhöhen und in den dispositionstitel 5767 thlr. zu stellen. es wurde also genehmigt, dasz 1400 thlr. schülerstipendien an die casse des domgymnasiums und des pädagogiums zum kloster U. L. Fr. mit je 450 thlr. und an die gymnasien zu Halberstadt, Salzwedel und Stendal mit je $166^2/_3$ thlr. gezahlt würden.

---

[113] das v. Münchhausensche stipendium war von der familie v. Münchhausen auf Leitzkau im jahre 1726 durch schenkung eines capitals von 800 thlr. gestiftet und dem kloster Berge mit der beschränkung verliehen, dasz der beneficiat nur denjenigen zuschusz zahle, welcher bei andern freistellen erlegt werde, und dasz wegen unzulänglichkeit der ursprünglichen dotation das stipendium, wenn es drei jahre lang vergeben worden sei, im vierten jahre unbesetzt bleiben müsse.

So erinnert die klosterbergische stiftung, wenn auch kein monumentales zeichen mehr auf das reiche benedictinerkloster mit seiner berühmten schulanstalt hinweist, noch fort und fort an eine denkwürdige, an historischen momenten reiche vergangenheit und wirkt noch heute segensreich für hervorragende bildungsstätten der provinz Sachsen, indem sie der universität Halle alljährlich bedeutende unterhaltungszuschüsse zuweist und fünf gymnasien mit ansehnlichen stipendien für solche schüler der drei oberen classen versieht, welche zum studieren entschlossen sind und durch anlagen, fleisz und betragen sich ihren lehrern empfehlen.

Personenverzeichnis.

Abbt, Thomas 56.
Adalbert, erzbischof 1.
Adelung, Joh. Christoph 20. 26.
69. 99.
v. Alvensleben 64.
Andreä, Jacob 6.
v. Angern 99.
Anna Amalie, prinzessin von
Preuszen 56.
v. Arnim, Carl Christoph 22.
Augustus, administrator 8. 10.

v. Bardeleben 31.
Bardenius, Hieron. 6.
Basedow, Joh. Bernh. 55. 62.
Baumgarten 55.
Behrends, Ernst Christoph 104.
Berendes 95.
Berteau, François 14.
Besecke 72.
Beyme 102.
v. Bischoffswerder, Joh. Rud. 92.
v. Bismarck, Christoph Georg
Friedr. 30.
Boie, Heinr. Christian 50.
Borheck, Aug. Christian 61. 65.
Böttiger, Carl Aug. 24.
Breithaupt, Joach. Justus 11. 14—17.
Bruno, bisch. v. Verden 1.
Buchka, Joh. Simon 15.
v. Buchowsky, Carl Kasimir 107. 108.
v. Bugenhagen 20.
Burgäns, graf 62.

Campe, Joh. Heinr. 71.
Chemnitz, Martin 6.
Christian Wilhelm, administrator 7.
Claudius, Matthias 62.
Clausius, Werner Jacob 12. 13.
Courtois 43.
Cramer, Joh. Andr. 50. 56. 72. 73.
Crusius, Gottfr. 8.
Crusius, Samuel 7—9.

v. Dankelmann 56.
Deyling 96.
Dionysius, Lambert 6.
Döring, Carl Aug. 114.
Dubois 26.
Duvernois 26.

Ebeling, H. M. F. 73.
Eblé 109.
Ehlers, Mart. 50.
v. Einem, Joh. Justus 15—17.
Elisabeth v. Braunschweig, königin
v. Preuszen 33.
Ernesti, Joh. Aug. 68. 96.
Evers, Joh. Friedr. Aug. 104.

Fabricius, Justus Friedr. Erdmann
26. 27.
Faulhaber, Heinr. 6.
Felbiger 31.
Ferdinand, herzog v. Braunschw.-
Lüneburg 78.
v. Finkenstein, graf 56.
Flamant 104.
v. Förder 74.
Francke, Aug. Herm. 14. 25.
Freyer, H. 14.
Friedrich I., könig v. Preuszen 14.
Friedrich II., könig v. Preuszen 19.
30. 31. 36. 38—42. 45—48. 51—
54. 56. 77. 82.
Friedrich Wilhelm, kurf. v. Branden-
burg 10. 12. 76. 88.
Friedrich Wilhelm II., könig von
Preuszen 31. 33. 34. 48. 77. 78.
89. 90. 92.
Friedrich Wilhelm III., könig von
Preuszen 92. 96. 102.
Fritzsche, Joh. Michael 47. 49. 53.
Frommann, Erhard Andr. 29. 51—
54. 84.
Funk, Carl 115.

Funk, Gottfr. Benedict 51. 54. 56.
82. 105. 112.

Gallus, Martin 6.
Gaudy 99.
Gedicke 102.
Gerlach 15.
German, Rathardus 10.
Gleim 50. 62. 91. 102.
Göbel, Sebastian 8—10.
Goethe 19. 79.
v. Goldbeck 78. 87.
Gossel, Andr. Arnold 48.
Grosse, Gottfr. 61. 71—73.
Gruber, Joh. Georg 24.
Gurlitt, Joh. Gottfr. 12. 47. 50. 52.
54. 55. 61. 64—106.

v. Hagedorn 50.
v. Hagen 20.
Hahn, Philipp 5.
Hahne, Joh. 13.
Hahne, Joh. Friedr. Christoph 13. 16.
Hahne, Simon Friedr. 6. 13. 16.
Hähn, Joh. Friedr. 25. 26. 29—51. 76.
v. d. Hardt, Herm. 38.
Harrach, graf 7.
Havemann 113.
Hecker 31. 80. 86. 91.
Hedemann 9.
Hederich, Benj. 12.
Heiden, Joh. 7.
Heidmann, Joh. Tob. 81. 82. 85.
103. 104.
Heinrich, herzog v. Braunschw.-
Lüneb. 3.
Hennecke, Christoph 24.
Herder 62.
Hermann, abt zu Berge 1.
Hermann, abt zu Werden 3.
Hermes 20. — 79.
Hertel, Chr. Friedr. 21. 25.
Herzog 74.
Heusinger, Conr. 71.
Heyne, Christian Gottl. 50. 62.
Hillmer 79.
Hindenburg, Carl Wilh. 114.
Homel, Heinr. 4.
Hoyoll, J. C. D. 22.

Jacobus 5.
Jahn 50.
Jani 80. 86.
Jasper, Joh. Friedr. 99.
Jerome-Napoleon 111. 112.

Jerusalem, Joh. Friedr. Wilh. 46.
50. 63.
Joachim Friedrich, markgraf v.
Brandenburg 5.
Jonä, Christian Friedr. 26. 33—35.
37. 53. 54. 64. 65. 83. 84. 86. 94.
Julius, herzog von Braunschw.-
Lüneb. 6.

Keil 99.
Kessler, Wilh. Dan. 103. 104.
Kinderling, Joh. Friedr. Aug. 43.
46—49. 53. 72.
Kleinow 100.
v. Kleist 20. — 109.
v. Kleist, Heinr. 100.
v. Klevenow 88. 90.
Klopstock 18. 56.
Knapp, Christian 26. 30.
Knapp, Joh. Georg 26.
Koch, Christoph 9.
Kochberg, graf 36.
v. Köpken, Friedr. 18. 20. 21. 26.
27. 99.
Köppe, Joh. Paul 47. 53.
v. Kotzebue, Aug. Friedr. Ferd.
100. 101.
Kunschke, Friedr. Ferd. 114.

Lademann, Joh. Carl Friedr. 74.
Ladey, Joh. Conr. 11. 77.
Langbein, Aug. Friedr. Ernst 100.
Langer, Ernst Theod. 36.
Lentulus 39.
Lepper, Peter 6.
Lessing 18. 36. 56.
Lilienzweig, Casp. 7.
Löder, Theod. 6.
Lorenz, Joh. Friedr. 60. 64. 65. 74.
81. 82. 84. 91. 94. 100. 104.
v. Ludewig, J. P. 15.
Luther 2. 4. 16.

Malsius, Phil. Heinr. 9.
Martini, Phil. Anton Friedr. 54.
v. Massow 99. 102.
Matthias, Joh. Ludw. 47.
Matthisson, Carl Ehrenfr. 104. 114.
v. Matthisson, Friedr. 54. 61—63.
79. 99.
Meier 56.
Meierotto 98.
Melanchthon 4.
Mendelssohn, Moses 56.
Michaelis, David 18.
Minckwitz 16.

Mönnich, Bernh. Friedr. 46—49. 54. 65.
Moritz, kurfürst v. Sachsen 2.
Morus, Christ. Gottl. Benj. 43. 46.
Moser 99.
v. Münchhausen 39—42. 45—47. 50.

Nagel 80. 86.
Neumann, Gottfr. Heinr. 100.
Ney, Michael 108.
Nicolai, Christoph Friedr. 47. 50. 54—56.
Niemeyer, Aug. Herm. 115.
Nitner, Gottfr. 10.
Nolte 102. 103.

Oelrichs, Joh. Carl Conr. 33.
Olearius, Gottfr. 34.
Olearius, Joh. 8. 10.
Otto I., deutscher kaiser 1. 6. 22. 77.

Pässler, Carl Heinr. 104.
Perschke, Chr. Gottl. 62. 83.
Pierron, Jean Baptiste 74.
Pilarik 39.

v. Radetzki, Joh. Ernst Gottl. 21.
Rambach, Joh. Jacob 17.
Rathmann, Heinr. 29. 74. 83.
Reccard, Ferd. Christoph 20. 43. 46. 48. 49. 54. 65.
v. Reichenbach 29.
Reimers 39.
Reinig, Joh. Andr. 22.
Resewitz, Friedr. Gabr. 29. 47. 52. 55—94. 99. 103. 108.
Ribbeck, Ernst Friedr. Gabr. 102. 104.
Riepe, Joh. Ernst 103.
Rönick, Ludw. Aug. 74.
Rosenfeld 62.
Rötger, Gotth. Sebast. 51. 82. 105. 107.

Sack, Aug. Friedr. Wilh. 42. 43. 46. 86.
Sack, Sigfried 2. 7.
Salig, Chr. Aug. 13.
Sarpe, Joh. Christoph 103. 104. 114.
Schewe, Chr. Friedr. 29. 77—113.
Schienmeyer 99.
Schiller 100.
Schlegel, Joh. Heinr. 56.
Schmidt, Joh. Aug. 80.
Schmit, Friedr. 61. 62.
Schrader 48. 87.

Schröckh, Joh. Matth. 99.
v. Schulenburg-Kehnert 20. 99.
Schulhoff, Joh. Wilh. 47.
Schultze, Chr. Heinr. 80. 81. 99. 100.
Schulz, Friedr. 70.
Schulze, Johannes 106.
Schulze, Joh. Dav. 81.
Schütte, Friedr. 16.
Schwerin, Joach. 6.
Seelmann 48.
Seidel, Friedr. Chr. 104.
Seiffarth, Georg 9.
Seifferd 103.
Seipp, Friedr. Georg Phil. 22.
Sibeth, Stephan Carl 25.
Sigfried, bischof v. Münster 1.
Sigismund, erzbischof 2. 3.
Silberschlag, Joh. Elias 20. 26.
Silberschlag, Joh. Esaias 20. 26.
Spalding, Joh. Joach. 42. 43. 86.
Spener, Phil. Jacob 14.
v. Spiegel 20.
v. Steinacker 88. 90.
Steinbart, Gotth. Sam. 20. 30. 99.
Steinmetz, Joh. Adam 11. 14. 17 —19. 30—33. 49. 72. 77. 83. 86.
Strass, Joh. Gottl. Friedr. 102—113.
Strathusen, Clemens 7.
Ströher, Joh. 5.
Struensee, Chr. Gottfr. 22. 25.
Struensee, Joh. Friedr. 55.
Sturm, Joh. 37.
Stuve, Joh. 71.
Sucro, Joh. Georg 39.
Sulzer, Joh. Georg 42. 43. 45. 50. 86.

Tamm, Joh. Lebr. 73.
Teller 54.
v. Tevenar 52.
Thietmar, bischof v. Merseburg 1.
Thodänus, Christoph 7.
Tiedge, Christoph Aug. 91.
Tiemann, Carl Ludw. Traug. 114.
Tilly 8.
Trapp, E. Chr. 71.
v. Treskow 10.

Ulner, Lorenz 3.
Ulner, Petrus 2—7.

v. Vangerow 91. 92.
Vehse 10.
Verlautz, Mich. 25.
Vernon 26.
Villaume 73.
Voigt, Balthasar 6.

Walter, Mich. 17.
Weise 64.
Wendeborn 99.
Wendel 26. 27.
Werner, Joh. Balthasar 47. 49. 53.
Westphal, Joh. 7.
Wieland 18—20. 24. 71. 99.
Winckelmann, Joh. 100.

Wolfhardt, Sim. Friedr. 11—14. 77.
v. Wöllner, Joh. Christoph 74. 75.
  78—80. 88—92. 96.
v. Zedlitz 47. 55. 57. 65. 70.
  74. 86.
Zierow, Heinr. 3.
Zobel, Rud. Wilh. 46—49. 54.

Zeitfracht Medien GmbH
Ferdinand-Jühlke-Straße 7
99095 Erfurt, Deutschland
produktsicherheit@kolibri360.de